专项职业能力教材

汽车电路检修

主　编　吴正乾　胡元波　程　艳
副主编　倪伟智　刘　敏　陈小兵
参　编　唐波微　朱　仲　熊　盼　刘佳敏
主　审　邹龙军

电子工业出版社
Publishing House of Electronics Industry
北京·BEIJING

内 容 简 介

本书以汽车基础电路为主线，分别介绍了职业道德素养与车间安全作业规范、电工学基础及 9 个学习任务：起动机电路检修、起动控制电路检修、充电电路检修、前照灯电路检修、雾灯电路检修、制动灯电路检修、危险警告灯电路检修、雨刮器电路检修、鼓风机电路检修。为了便于培训，9 个学习任务实操过程均以汽车电器台架为实施载体。学习任务以实践为主，实用性强，贴合企业工作实际。

本书适合汽车维修在岗人员、新进人员、拟从事该工作的人员学习，也可以作为技工院校、职业院校的培训教材。

未经许可，不得以任何方式复制或抄袭本书之部分或全部内容。
版权所有，侵权必究。

图书在版编目（CIP）数据

汽车电路检修 / 吴正乾，胡元波，程艳主编. —北京：电子工业出版社，2023.9
ISBN 978-7-121-43563-8

Ⅰ．①汽⋯ Ⅱ．①吴⋯ ②胡⋯ ③程⋯ Ⅲ．①汽车－电气设备－检修－高等学校－教材 Ⅳ．①U472.41

中国版本图书馆 CIP 数据核字（2022）第 092811 号

责任编辑：	张　凌　　　特约编辑：田学清
印　　刷：	北京七彩京通数码快印有限公司
装　　订：	北京七彩京通数码快印有限公司
出版发行：	电子工业出版社
	北京市海淀区万寿路 173 信箱　邮编：100036
开　　本：	787×1 092　1/16　印张：7.5　字数：192 千字
版　　次：	2023 年 9 月第 1 版
印　　次：	2023 年 9 月第 1 次印刷
定　　价：	25.00 元

凡所购买电子工业出版社图书有缺损问题，请向购买书店调换。若书店售缺，请与本社发行部联系，联系及邮购电话：(010) 88254888，88258888。
质量投诉请发邮件至 zlts@phei.com.cn，盗版侵权举报请发邮件至 dbqq@phei.com.cn。
本书咨询联系方式：(010) 88254583，zling@phei.com.cn。

前　言

本套教材的编写符合职业院校学生和广大劳动者的认知和技能学习规律，特色明显，在保证知识体系完备、脉络清晰、论述精准深刻的同时，尤其注重培养读者的实际动手能力和企业岗位技能的应用能力，并结合大量的典型任务和项目来使读者更进一步灵活掌握及应用相关的技能。

为满足汽车电路检修专项职业能力考核需要，更好地服务于汽车电路检修专项职业能力证书制度的推行工作，湖南省人力资源和社会保障厅职业技能鉴定中心（湖南省职业技术培训研究室）组织专家成立了汽车电路检修专项职业能力题库开发小组，对汽车电路检修考核规范、教程进行了深入研究，撰写了《汽车电路检修》专项职业能力教材，该书通过了湖南省人力资源和社会保障厅职业技能鉴定中心（湖南省职业技术培训研究室）的审定。

一、编写背景

为贯彻落实《国务院办公厅关于印发职业技能提升行动方案（2019—2021年）的通知》（国办发〔2019〕24号）、《国务院关于推行终身职业技能培训制度的意见》（国发〔2018〕11号）文件精神，建立技能人才多元评价机制，湖南省人力资源和社会保障厅组织专家开发了"专项职业能力教材"系列丛书。本书为汽车维修领域专项职业能力教材之一——《汽车电路检修》。汽车电路检修是汽车售后服务企业员工的主要日常工作。目前汽车维修从业人员在专业性、规范性、效率等方面存在不足，本书旨在为在岗人员、新进人员、拟从事该工作的人员提供快速、简洁、规范的知识技能学习方法。

二、编写思路

本书遵照人力资源和社会保障部专项职业能力开发要求——职业岗位技能最小单元化，紧密围绕汽车维护保养岗位，面向初中文化水平及以上人员进行编写，力争使参加该专项职业能力学习的人员实现"零距离"上岗、稳岗，就业后能获得一定收入，并有信心在岗位中再继续学习更多的技能。本书在内容安排上，先介绍某一系统的概况、类型与组成，再介绍其基本原理与作用，图文并茂，通俗易懂，最后还配有技能操作视频，示范讲解实际生产中的规范操作方法，使读者能够通过学习与训练，掌握汽车电路检修专项技能。

三、编写特色

（1）打破传统培训教材体例，以具体的汽车基础电路检修为任务单元确定知识目标和能力目标，使培训过程实现"知行合一"。

（2）对标汽车电路检修专项职业能力考核规范要求，将理论知识与技能要求融入培训任务，掌握相关技能后能胜任汽车电路检修的岗位工作。

（3）理论知识通俗易懂，采用工作手册式操作流程引导实践操作，并配套示范操作视频，充分体现理论够用、实践为重。

四、编写分工

本书由湖南省人力资源和社会保障厅职业技能鉴定中心（湖南省职业技术培训研究室）委托湖南省汽车维修与检测行业协会培训中心组织编写。由协会专家湖南机电职业技术学院吴正乾、胡元波、程艳担任主编，湖南潇湘技师学院倪伟智、衡阳技师学院刘敏、湖南汽车技师学院陈小兵担任副主编，衡阳技师学院唐波微、湖南心拓汽车集团有限公司朱仲、熊盼、刘佳敏参与编写，由衡阳技师学院邹龙军担任主审。

本书的编写得到了湖南省人力资源和社会保障厅职业技能鉴定中心（湖南省职业技术培训研究室）相关领导的大力支持与指导。由于编者水平有限，时间仓促，书中难免存在疏漏之处，敬请广大读者指正！

编　者

扫一扫观看本书配套视频资源

目 录

绪论 ………………………………………………………………………………………… (1)
 一、职业道德素养与车间安全作业规范 ………………………………………………… (1)
 二、电工学基础 …………………………………………………………………………… (9)
 习题 ………………………………………………………………………………………… (36)
任务1　起动机电路检修 ……………………………………………………………… (38)
 一、任务描述 ……………………………………………………………………………… (38)
 二、任务分析 ……………………………………………………………………………… (38)
 三、任务实施 ……………………………………………………………………………… (45)
 四、任务训练 ……………………………………………………………………………… (49)
 五、复习与思考 …………………………………………………………………………… (49)
任务2　起动控制电路检修 …………………………………………………………… (50)
 一、任务描述 ……………………………………………………………………………… (50)
 二、任务分析 ……………………………………………………………………………… (50)
 三、任务实施 ……………………………………………………………………………… (53)
 四、任务训练 ……………………………………………………………………………… (57)
 五、复习与思考 …………………………………………………………………………… (57)
任务3　充电电路检修 ………………………………………………………………… (58)
 一、任务描述 ……………………………………………………………………………… (58)
 二、任务分析 ……………………………………………………………………………… (58)
 三、任务实施 ……………………………………………………………………………… (63)
 四、任务训练 ……………………………………………………………………………… (67)
 五、复习与思考 …………………………………………………………………………… (67)
任务4　前照灯电路检修 ……………………………………………………………… (68)
 一、任务描述 ……………………………………………………………………………… (68)
 二、任务分析 ……………………………………………………………………………… (68)
 三、任务实施 ……………………………………………………………………………… (74)
 四、任务训练 ……………………………………………………………………………… (78)
 五、复习与思考 …………………………………………………………………………… (78)
任务5　雾灯电路检修 ………………………………………………………………… (79)
 一、任务描述 ……………………………………………………………………………… (79)
 二、任务分析 ……………………………………………………………………………… (79)
 三、任务实施 ……………………………………………………………………………… (81)
 四、任务训练 ……………………………………………………………………………… (85)

　　　　五、复习与思考 ··· (85)
任务6　制动灯电路检修 ··· (86)
　　　　一、任务描述 ··· (86)
　　　　二、任务分析 ··· (86)
　　　　三、任务实施 ··· (88)
　　　　四、任务训练 ··· (91)
　　　　五、复习与思考 ··· (91)
任务7　危险警告灯电路检修 ··· (92)
　　　　一、任务描述 ··· (92)
　　　　二、任务分析 ··· (92)
　　　　三、任务实施 ··· (94)
　　　　四、任务训练 ··· (97)
　　　　五、复习与思考 ··· (97)
任务8　雨刮器电路检修 ··· (98)
　　　　一、任务描述 ··· (98)
　　　　二、任务分析 ··· (98)
　　　　三、任务实施 ··· (101)
　　　　四、任务训练 ··· (104)
　　　　五、复习与思考 ··· (104)
任务9　鼓风机电路检修 ··· (106)
　　　　一、任务描述 ··· (106)
　　　　二、任务分析 ··· (106)
　　　　三、任务实施 ··· (108)
　　　　四、任务训练 ··· (111)
　　　　五、复习与思考 ··· (112)
参考答案 ··· (113)

绪 论

一、职业道德素养与车间安全作业规范

1. 职业道德素养

1) 职业道德素养概述

职业道德素养是培养汽车维修从业人员职业道德的基本途径。素养是指一个人在政治、学识、道德、技艺、品行等方面自觉进行学习、磨炼、涵育和陶冶的修养，以及经过长久努力所达到的某种能力素质。所谓道德素养，就是人们为了提高自己的道德素质而在思想品质和道德行为等方面的自我教育、自我锻炼、自我改造。职业道德素养是道德素养的一个重要方面，它是指汽车维修从业人员依据职业道德原则、规范的要求，在职业认识、职业意志、职业情感、职业信念和行为等方面的自我教育、自我锻炼、自我改造，以提高自己的道德素质，做好本职工作。

2) 职业道德素养的内容

职业道德素养包含的内容有职业道德认识的素养、职业道德情感的素养、职业道德信念的素养和职业道德行为习惯的培养。

（1）职业道德认识的素养。职业道德认识指汽车维修从业人员通过职业道德理论的学习，明确汽车维修工作在汽车维修行业发展中的作用和地位，明确汽车维修从业人员的职业道德规范。

（2）职业道德情感的素养。职业道德情感是培养热爱本职工作的道德情感、培养热爱集体（企业）的道德情感，培养社会主义职业幸福观。只有热爱本职工作、敬业勤业，热爱自己生活的集体，关注企业命运，为行业发展做出贡献，内心就会感到无比光荣和自豪，表现在工作上才能有积极主动的工作态度，有认真负责的职业行为，有不怕困难不畏压力的勇敢精神。

（3）职业道德信念的素养。职业道德信念是产生职业道德行为的内在推动力。道德行为往往是人们的自觉行为，这种行为不是来自行政权力规定"必须做"的，而是来自人的自觉自愿"应该做"的，是为了实现理想目标而自然迸发出来的行为。

（4）职业道德行为习惯的培养。职业道德行为习惯是指在职业活动中，人们在道德意识支配下表现出的有利于他人、集体和社会的行为。职业道德行为习惯的培养有一个反复磨炼的过程。在这个过程中，职业行为总会有不完全符合职业道德要求的方面，这就要不断地自

我检查，不断地矫正自己的行为方向，这样才能培养良好的职业道德行为习惯。

2. 车间安全作业

1）车间安全作业概述

车间安全主要包括三个方面的内容：人身安全，公共安全，财产安全。人身安全主要是指：自己或他人生命，健康和健全方面的安全；公共安全主要是指：影响周边及社会人或物的损失伤害方面的安全；财产安全主要是指：维修企业内客户财产、公司财产的损坏或损失。

2）车间安全作业基本要求

遵规守纪：是指遵守安全规章制度，遵守国家相关法规。安全方面的制度法规是在血的教训基础之上建立的。严格执行，就是不让悲剧重演。

防微杜渐：安全事故的发生不是一蹴而就的，很多隐患是在工作、生活中逐渐累积的，发现问题及时有效地处理是最好的解决方法。

三思而行：安全意识淡薄，做事不计后果往往是突发事故的主要原因，所以凡事三思而行，不懂就问也是防范安全事故发生的很好的方法。

3. 常用车间安全标识识别

（1）禁止标识如图 0-1 所示。

图 0-1　禁止标识

（2）警告标识如图 0-2 所示。

图 0-2　警告标识

(3) 指令标识如图 0-3 所示。

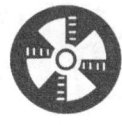    

　　通风　　　　戴防毒面具　　　戴防尘口罩　　　戴护目镜　　　注意卫生

图 0-3　指令标识

(4) 提示标识如图 0-4 所示。

　　　紧急出口　　　　　　　　　安全通道

图 0-4　提示标识

4. 车间安全防范与应急处理

1) 车间防火安全

保证车间内通道处畅通，如图 0-5 所示。禁止摆放任何物品或停放车辆。保证车间地面无杂物，如零件或工具，避免影响人员撤离。保证车间地面无残余油液落地，避免地面湿滑。

图 0-5　车间内通道处畅通

在更换汽油滤芯、汽油泵，以及清洗节气门时，必须保证通风良好，并将灭火器放置在维修现场，必要时断开蓄电池正极。机油收集器如图 0-6 所示。

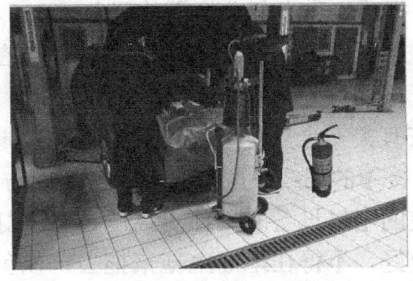

图 0-6　机油收集器

车间、仓库和废品库内的特定位置，应放置禁止烟火或禁止吸烟的禁烟标识，如图 0-7 所示。使用过的带有油脂的废抹布、手套禁止堆放，需及时清理出车间。

图 0-7　禁烟标识

熟知灭火器位置。蓄电池充电时，必须保证接线柱接触良好，并保持通风良好。设置禁止烟火的标识。充电时，现场必须有人值守。

灭火器的使用：①灭火器气压表中指针须指向绿色区域，否则不可使用，灭火器气压指示如图 0-8 所示；②需要定期检查灭火器是否在可用时限范围内，一旦超出可用时限范围，必须更换。

图 0-8　灭火器气压指示

跑向火场：提起灭火器快速跑向火场，摇晃灭火器数次。

拔下保险销：距离起火点 5m 左右处，拔下保险销。

正确操作灭火器：距起火点 2~3m 处，一只手握住喷嘴，另一只手用力压下压把，不准横卧或颠倒使用灭火器，对准火焰根部喷射。

灭火器使用方法、火灾逃生方法、消火栓使用方法、消防通道畅通方法可以参考配套视频资源。

2）车间用电安全

（1）车间内的电气设备，不得随便乱动。任何人不准随意乱动电气设备和开关。

（2）自己经常接触和使用的配电箱、配电板、闸刀开关、按钮开关、插座、插头及导线等，必须保持完好，不得有破损或将带电部分裸露的现象。

（3）在操作闸刀开关、磁力开关时，必须将盖盖好，以免在短路时发生电弧或熔断器熔断飞溅伤人。

（4）电气设备的外壳应按有关安全规定进行防护接地或接零。接地或接零的设施要经常检查，保证连接牢靠；接地或接零的导线不应有任何断开的地方。

（5）移动某些非固定安装的电气设备时，如电风扇、照明灯、电焊机等，必须先切断电源，再进行移动。导线要收拾好，不得在地面上拖来拖去，以免磨损。导线被物体绊住时，不要硬拉，防止将导线拉断。

（6）不准私拉乱接电气线路，更不准将电气设备电源线直接插入插座中。

（7）不准擅自移动电气安全标识、围栏等安全设施。

（8）打扫卫生、擦拭设备时，严禁用水冲洗或用湿布去擦拭，也不要用湿手和金属物去触碰有电的电器开关，以免发生短路和触电事故。

5. 车间电气系统操作安全

1）静电的危害

静电可能击穿电子元件，造成损坏。

2）气体放电灯操作安全

（1）气体放电灯系统能产生高达 28000 伏的电压，有致命危险。在操作此系统前，要确保关闭前照灯并拆除蓄电池接地电缆。未完全断开电源时，不能拆卸气体放电灯组件。气体放电灯组件如图 0-9 所示。

图 0-9　汽车放电灯组件

（2）操作时必须穿戴好防护设备（手套和护目镜）。

（3）将灯座从前照灯中释放后，切勿打开前照灯或测试灯泡及相关变压器。

（4）切勿接触灯泡的玻璃部分，以免缩短灯泡的使用寿命。

3）线路维修安全

（1）线路维修前，先断开电源。维修后，确认没有问题了再接通电源。

（2）涉及安全系统的线束不允许维修，如乘员保护系统（SRS）点火电路。

（3）线束剥绝缘层时，使用专用剥线钳进行操作，避免线束拉断，造成其他电气故障。

（4）线路连接时，必须使用带胶衬的热缩套管进行绝缘处理，在连接时注意线束标号和颜色，以免接错。

（5）线束安装时，按原位固定，确认线束无挤压或缠绕。

（6）不要尝试维修或改造损坏的电气接头端子。

4）蓄电池操作安全

认识蓄电池标识，如图 0-10 所示。

（1）蓄电池充电时会产生氢气、氧气等气体，容易出现爆炸危险。蓄电池附近避免出现火星、短路或其他火源。

（2）确保蓄电池充电区域通风良好。在处理蓄电池时应戴上护目镜、防护围裙、手套等保护设备。

有剧毒　　　　　　有腐蚀性　　　　　参考说明书　　　　旧电池需要回收

有爆炸风险　　　　有腐蚀性　　　　　避免明火　　　　　远离儿童

图 0-10　蓄电池标识

（3）充电连接时，应先连接正极，后连接负极。断开时，先断开负极，再断开正极。

（4）禁止快速高电流充电，充电电压不得高于 14.8 伏，防止损坏蓄电池。

（5）充电时注意选择正确的电压、电流挡位，保证电极与充电线接触良好，避免产生热电阻。

（6）充电时，充电机的电源线必须接触良好。

5）新能源汽车高压用电安全

（1）识别高压标识。

为防止意外触及高压系统，新能源汽车对高压组件均采用特殊的标识或颜色对维修人员或车主给予警示。新能源汽车通常采用两种形式进行高压的标识警示，分别为高压警示标识和导线颜色。

每个新能源汽车的高压组件壳体上都带有一个标识，售后服务人员或车主均可通过标识直观看出高压可能带来的危险。高压警示标识如图 0-11 所示，它采用黄色或红色底色，图形上配有高压触电国家标准。

图 0-11　高压警示标识

用橙色警示色标记出所有高压导线，高压导线的某些插头及高压安全插头也采用橙色设计。高压导线警示颜色如图 0-12 所示。

图 0-12　高压导线警示颜色

当高压导线或端子裸露时，必须使用绝缘胶布将裸露部分包住。同样的，在拆下维修塞后，用绝缘胶布封住维修塞槽，隔开端口。当维修任何端子时，使用扭矩扳手按规定扭矩上紧防止损坏。

（2）新能源汽车维修基本流程。

① 将换挡杆切换到 P 挡位，使用驻车制动器，拔下点火钥匙，将钥匙放在身上或锁在工具盒里。

② 断开辅助电池的负极端子：断开电池的负极，固定接地线，以防止负极端子与接地线接触，形成回路，戴上经认可的高压绝缘手套，并检查高压绝缘手套是否有潮湿、水汽、破损情况，如图 0-13 所示。

图 0-13　检查高压绝缘手套

③ 放置高压警告标识，如图 0-14 所示。

注意：

　　高压电！！！工作期间严禁触摸！！！

责任人_____

图 0-14　高压警告标识

（3）维修开关的拆除如图 0-15 所示。找到维修开关位置，拆下 HV 电池维修开关。当处理橙色高压组件和线路时，确保带着高压绝缘手套，将拆下的维修插销放在口袋中以防其他人将它安装回车上，并将裸露的维修开关槽用绝缘胶布封住。

【注意】当出现意外事故或遇到HV电池维修开关无法取下等类似情况时，可以通过将发动机室内的HV熔断器取下，达到断开高压线路的目的。

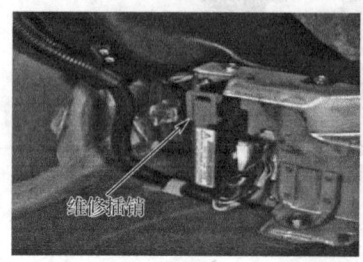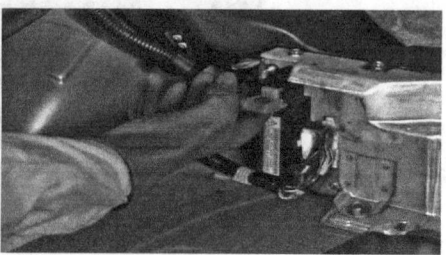

图0-15 维修开关的拆除

6）高压防护用品及工具

（1）常用高压防护用品如图0-16所示。

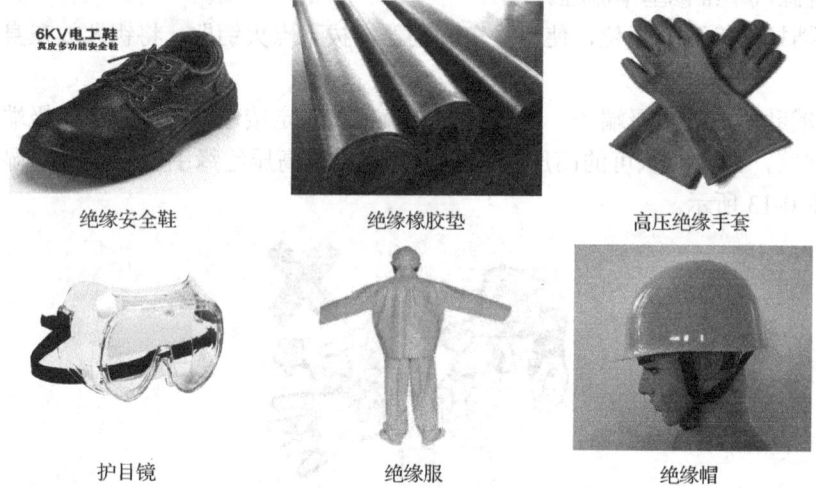

图0-16 常用高压防护用品

高压绝缘手套和皮革保护用品必须是耐压1000伏（0级）的天然橡胶。每次使用前应检查绝缘安全鞋的鞋底有无开孔、破损。绝缘橡胶垫上有无破裂。高压绝缘手套使用前应通过充气检查，检查手套上有无切口、缺陷、污垢、机油/润滑脂等。

（2）高压操作专用工具如图0-17所示。

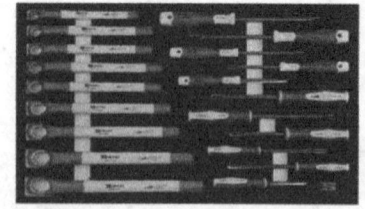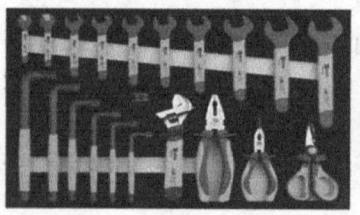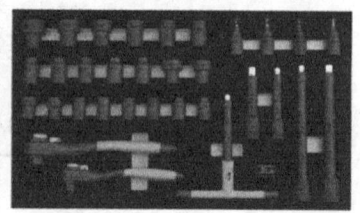

图0-17 高压操作专用工具

二、电工学基础

为了能够更好地了解电压、电流、电阻,以及半导体、导体和绝缘体等电学参数,在此需要介绍一些原子物理学的基本原理。

1. 原子

所有物质都由大约 100 种不同的元素构成。这些元素中最小的组成部分是原子。大约 2500 年前,德谟克利特(古希腊学者)就提出了世界是由不可分割的微粒构成的假设。由此得到了原子这个名称:atoms(原子)=不可分割。现在我们知道,原子是可分割的,由中子、质子和电子组成,其结构如图 0-18 所示。

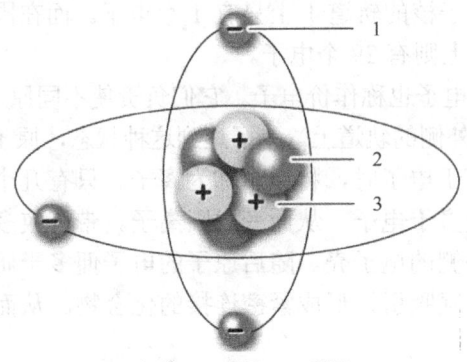

1—电子;2—中子;3—质子。

图 0-18 原子结构

有多种关于原子结构的理论。尼尔斯·玻尔理论是电工学理论中最为直观的一个。图 0-18 所示的原子结构,即玻尔原子模型。它表示了电子、质子和中子之间的相互关系。人们假设,原子由一个原子核和一个原子壳组成。

该结构与行星体系的结构相似:行星(原子壳)围绕太阳(原子核)旋转。原子核位于原子的中心。它由质子和中子构成,中子是不带电荷的质量粒子,质子是带正电荷的粒子。质子和中子的质量几乎相等。

原子核带正电荷,原子的全部质量几乎都在原子核上。

电子是带负电荷的粒子。原子壳内电子的数量与原子核内质子的数量相等。质子或中子的质量大约是电子质量的 2000 倍。

原子向外呈电中性。原子核和原子壳带有相同数量的电荷。相反电荷之间的电引力使原子核和原子壳结合在一起。电子可借助外部能量(如光、热和化学过程)达到更高的能量级,并由此返回初始状态,同时在这个过程中吸收或释放出能量。

2. 电子

电子在围绕原子核的几个圆形或椭圆形轨道上移动。根据具体物质(如铜、铅、铝)最多有七条这样的轨道,这些轨道由内向外用数字 1 至 7 或大写字母 K 至 Q 命名。在每条轨道上始终只有特定数量的电子在移动。每条轨道上的电子数量如表 0-1 所示。

表 0-1　每条轨道上的电子数量

轨　道	电 子 数 量
1 或 K（内侧轨道）	2
2 或 L	8
3 或 M	18
4 或 N	32
5 或 O	50
6 或 P	72
7 或 Q（最外侧轨道）	98

例如，在围绕氢原子原子核的轨道 1 上只有 1 个电子。而在围绕铜原子原子核的 4 条轨道（K2、L8、M18 和 N1）上则有 29 个电子。

在原子最外侧轨道上的电子也称作价电子。它们负责使不同原子结合在一起。原子倾向于让尽可能多的电子位于其最外侧的轨道上。为了达到这种状态，原子与其他原子形成化合物。

电子多于质子或质子多于电子时，将原子称为离子。只有几个价电子的原子很容易释放出电子。随后原子的质子便多于电子，从而变成阳离子。带有较多价电子的原子很容易吸收其他电子，以便补充其最外侧的电子壳。随后原子的电子便多于质子，从而变成阴离子。由此产生的阳离子和阴离子相互吸引，形成紧密连接的化合物。从而产生一种新的物质。离子如图 0-19 所示。

至少包括两个原子的新化合物称为分子。

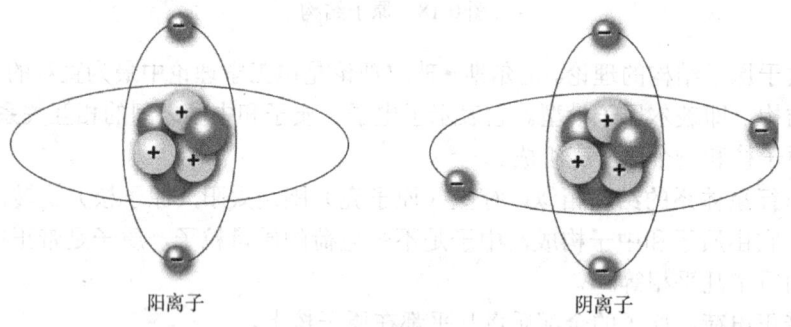

图 0-19　离子

3. 电荷载体

电荷载体可以是电子（金属电荷载体）或离子（液态和气态电荷载体）。

由于外侧电子（价电子）与原子核的距离相对较远，因此这些电子与原子核的连接较弱。原子吸收能量（如热、光和化学过程）后，价电子从原子外侧壳体上脱离，形成所谓的自由电子。自由电子从一个原子移动到另一个原子时称为电子流动或电流。电子流动不仅包括一个单独的自由电子，还包括很多自由电子。自由电子的这种移动是不定向的，即没有任何优先移动方向。图 0-20 所示为导体内电子的不定向移动。

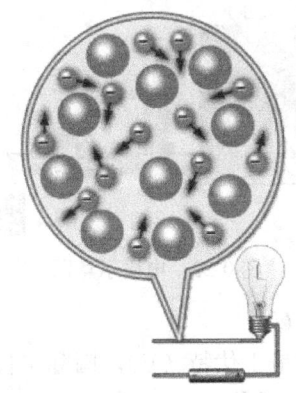

图 0-20　导体内电子的不定向移动

4．电压

1）电压的概念

正电荷与负电荷分别位于不同两侧时便产生了电压电源。

电压电源始终具有带有不同电荷的两极。一侧是缺少电子的正极，另一侧是电子过剩的负极。在负极与正极之间有一种电子补偿趋势，即两极连接起来时电子由负极流向正极。这种电子补偿趋势称作电压。

下面以车辆蓄电池为例说明电压原理。车辆蓄电池如图 0-21 所示。

1—蓄电池的负极接线柱；2—蓄电池的正极接线柱。

图 0-21　车辆蓄电池

车辆蓄电池内的电化学过程使电荷分离：电子聚集在一侧（负极）；另一侧缺少电子（正极）。

两极之间产生一个电势差，即电压。电压的高低取决于电子数量之差。如果用一个带有规定电阻的导体将蓄电池两极连接起来，那么电子就会从负极移向正极。电流一直流动，直至两极之间不存在电势差或电路断路。此概念与水位高低所造成的水压相似。电压示意图如图 0-22 所示。

可按以下方式描述电压。

（1）电压是施加在自由电子上的压力或作用力。

（2）电压是产生电流的原因。

（3）两点或两极之间产生电荷差时就会形成电压（压力）。

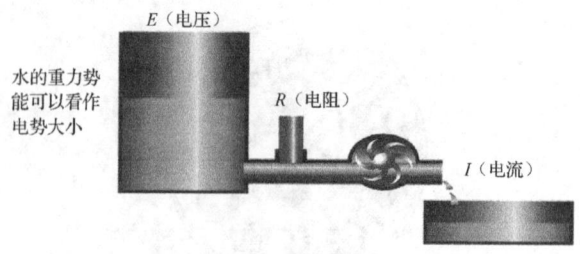

图 0-22　电压示意图

公式符号：电压的公式符号是 U。

计量单位：电压 U 的计量单位是 1 伏特（V），国际单位制为伏特（V，简称伏），常用的单位还有毫伏（mV）、微伏（μV）、千伏（kV）等。

2）电压的类型

（1）直流电压。电压值和极性保持不变的电压称为直流电压，其波形示意图如图 0-23 所示。

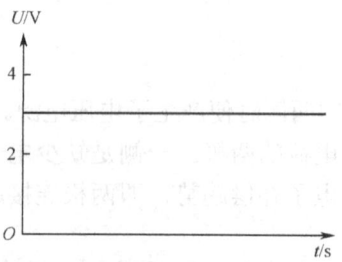

图 0-23　直流电压波形示意图

最常用的直流电压电源包括原电池（蓄电池）、相应的发电机（部分接有整流器）、光电池（太阳能系统）和开关模式电源。直流电压电源示例如图 0-24 所示。在技术领域还通常组合使用变压器和整流器。

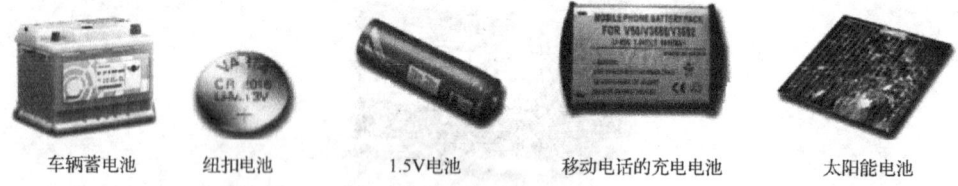

图 0-24　直流电压电源示例

（2）交流电压。数值大小和极性不断变化的电压称为交流电压。交流电压波形示意图如图 0-25 所示。交流电压的典型代表是家用电。在我国，交流电压为 220V，频率为 50Hz。该频率（通常也称为电源频率）表示每秒钟电流朝相同方向流动的次数。

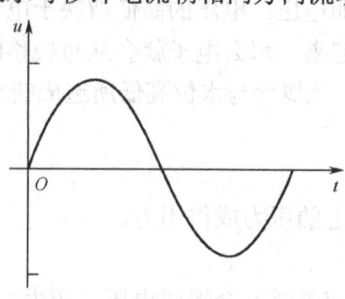

图 0-25　交流电压波形示意图

3）测量电压

电压表测量电压。测量电学参数（电压、电流、电阻）时通常使用数字万用表。电压表始终与用电器、元件或电压电源并联在一起。电压检测方法如图 0-26 所示。为了不影响待测电路，电压表内阻应尽可能大。

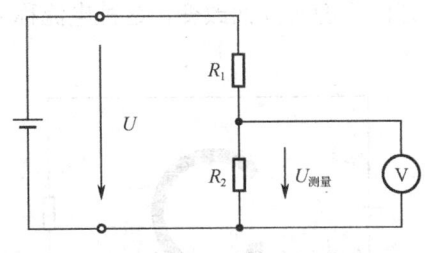

图 0-26　电压检测方法

在电压电源上用电压表测量瞬时电压时要注意以下几点。
（1）必须设置电压类型，即交流电压或直流电压（AC/DC）。
（2）开始时应选择较大的测量范围（量程）。
（3）测量直流电压时要注意极性。
（4）测量后要将电压表调到最大的交流电压量程。

5. 电流

1）电流的概念

电流是指电荷载体（如物质或真空中的自由电子或离子）的定向移动。电压是产生电流的原因，只有在闭合的电路内才有电流流动。电流及其方向如图 0-27 所示。

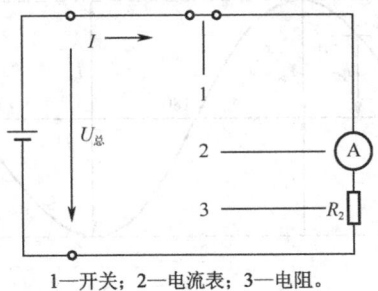

1—开关；2—电流表；3—电阻。

图 0-27　电流及其方向

电路由电源（如电池）、用电器（如一个白炽灯泡）和导线组成。通过开关可使电路闭合或断开。每个导体都带有自由电子。电路闭合时，所施加的电压使导体和用电器的所有自由电子同时朝一个方向移动。每个时间单位内流动的电子（电荷载体）数量就是电流强度，俗称电流。每秒钟内流经导体的电子越多，电流就越大。

公式符号：电流的公式符号是 I。

计量单位：电流 I 的计量单位是 1 安培（A）。

1 安培（A）= 10^3 毫安（mA）= 10^6 微安（μA）。

目前，电流是输送和提供能量的最重要方式之一。因此当前所有照明装置、大部分家用电器、所有电子装置和计算机技术都用电能驱动。电流的流动可通过各种不同的效应来决定。在此主要是热效应和磁效应。

2）电流的类型

（1）直流电流。电流流动方向不随时间而改变，这种电流称为直流电流（DC），其示意图如图 0-28 所示。

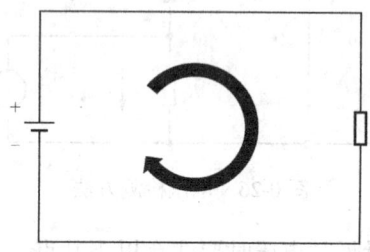

图 0-28　直流电流示意图

（2）交流电流。交流电流（AC）是指随时间变化以周期方式改变其极性（方向）和电流值（强度）的电流。

交流电流的特点是其电流方向呈周期性变化。电流变化频率（通常也称为电源频率）表示每秒钟电流朝相同方向流动的次数（单位：赫兹 Hz）。交流电流波形示意图如图 0-29 所示。

其中，i_{eff} 表示交流电流的均方根值；i_{spos}、i_{sneg} 表示电流 i_s 的峰值，是一个半波的正向或负向最大值；i_{ss} 表示电流 i_s 正向峰值和负向峰值之间的辐值。

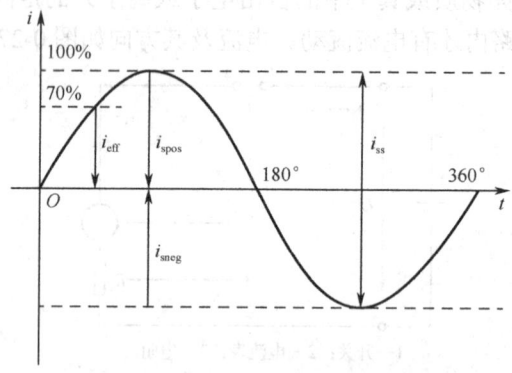

图 0-29　交流电流波形示意图

交流电流的平均电流为零，交流电流无法确定流动方向，但为了能够得到电流，仍规定了交流电流的有效电流。

均方根值 i_{eff} 大约是峰值电流的 70%，均方根值表示哪个直流电流有相同的功率。利用下面的公式计算均方根值 i_{eff}。

$$i_{eff} = \frac{i_s}{\sqrt{2}}$$

该参数表示与交流电流输送电荷量相同的直流电流。

（3）脉动电流。如果在一个电路中直流电源和交流电源可同时起作用，那么就会产生脉动电流。因此，周期电流是直流电流与交流电流叠加的结果。

3）测量电流

用电流表测量电流。常用的电流表有数字电流表和钳形电流表。

图 0-30 所示为测量电流。数字电流表始终与用电器串联在一起，为此必须断开电路导线，以将电流表加入电路中。测量时电流必须流经电流表。电流表内阻应尽可能低，以免影响电路测试值。

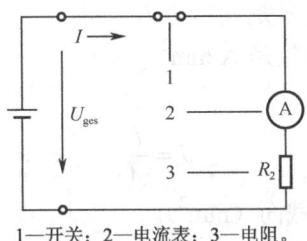

1—开关；2—电流表；3—电阻。

图 0-30　测量电流

用电流表测量电流时要注意以下几点。

（1）注意电流类型，即电路中流过的是交流电流还是直流电流。

（2）开始时应选择尽可能大的量程。

（3）注意直流电流的极性。

（4）测量后要将电流表调到最大交流量程。

另外一种测量电流的方法是使用电流钳。钳形电流表测试电流如图 0-31 所示。如果待测电流大于 10A，那么用钳形电流表测量电流的优势非常突出，且测量电流时无须断开电路导线。

图 0-31　钳形电流表测试电流

电流的一些示例。

闪电：大于 100000A；　　　　铝熔炼炉：大约 15000A；

电焊：500A；　　　　　　　　起动机：最高 250A；

有轨电车：大约 50A；　　　　熨斗：2A；

彩色电视：最高 1A；　　　　　白炽灯泡（100W）：230V 时为 0.45A；

便携式计算器：0.007A。

4）电流密度

电流密度表示一个导体内电子挤压在一起时的紧密程度。电子越多且越紧密地聚集在一起，电子撞击原子的频率就越高、强度就越大。相撞时释放出热能，导体的温度升高。该过程可能会持续进行，直至导体赤热或燃烧。

导体温度升高不仅受电流 I 的影响，还受到导线横截面的影响。电流密度 J 由这两个因素决定。一个导体内的电流密度越大，受热程度就越大。

公式符号：电流密度的公式符号是大写的 J。

计量单位：电流密度的计量单位是 A/mm^2。

计算电流密度 J 的公式如下。

$$J = \frac{I}{A}$$

式中，I 为电流（A）；A 为导线横截面（mm^2）。

导线横截面积与最大允许电流如表 0-2 所示。

表 0-2　导线横截面积与最大允许电流

导线横截面积	最大允许电流
$0.75mm^2$	13A
$1.0mm^2$	16A
$1.5mm^2$	20A
$2.5mm^2$	27A
$4mm^2$	36A

6. 电阻

1）电阻的概念

自由电子在导体内部移动，与原子相撞，因此电子流动受到干扰。这种效应称作电阻。该效应使电阻具有阻碍电路内电流流动的特点。电阻也称为欧姆电阻。在电子系统中，除作为元件的标准电阻外，其他各部件都有一个可影响电路电压和电流的电阻。

公式符号：电阻的公式符号是 R。

计量单位：电阻的计量单位是欧姆，符号是希腊字母 Ω。

电阻器的图形符号如下。

2）导体的电阻

导体的电阻取决于导体的尺寸、比电阻和温度。导体越长电阻越大。导体横截面越大电阻越小。相同尺寸的不同材料其电阻不同。每种物质都有一个特定的比电阻。某种物质的比电阻是指温度为 20℃时，长 1m、横截面积为 $1mm^2$ 导体的阻值。温度越低电阻越小。

按照下列公式计算导体电阻。

$$R = \rho \frac{L}{A}$$

式中，R 为电阻（Ω）；ρ 为比电阻（Ω·m）；L 为导体的长度（m）；A 为导体的横截面积（m^2）。

表 0-3 列出了常用导体的比电阻。

表 0-3 常用导体的比电阻

材　　料	比电阻 ρ/（Ω·m）
银	0.0161
铜	0.0178
金	0.023
铝	0.0303
锡	0.11
铁	0.13

3）测量电阻

电阻用欧姆表测量。在大多数情况下使用多量程测量仪（万用表），以免出现读数错误和不准确。测量电阻时要注意以下几点。

（1）测量期间不得将待测部件连接在电压电源上。因为欧姆表使用本身的电压电源，并通过电压或电流确定电阻。

（2）待测部件必须至少有一侧与电路分离。否则并联的部件会影响测量结果。

（3）极性无关紧要。

7. 电压电源的内阻

至今我们都假设，一个电压电源始终提供规定电压 U，如电池提供 4.5V 电压。

但当接通一个或多个能量转换器（俗称用电器，如灯泡、发电机等）时，所有电池和大部分供电单元都会出现电压降。例如，将一个 4.5V/2W 灯泡接到电池上时，电压就会由 4.5V 降到 4.3V。原因在于电压电源（电池）的内阻 R_i，如图 0-32 所示。

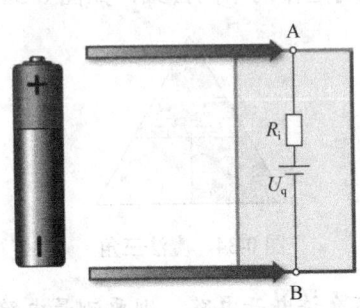

图 0-32　电压电源的内阻 R_i

可将实际中的电池想象成一个由理想恒压电源（电源电压为 U_q、内阻为 R_i）组成的串联电路，如图 0-33 所示。

电源电压 U_q 保持不变，即不受电流 I 的影响。现在通过电阻为 R_L 的能量转换器（负载电阻、外阻、"用电器"）向内阻为 R_i、电源电压为 U_q（电动势）的恒压电源施加负荷。

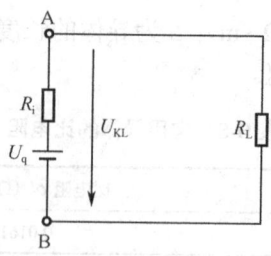

图 0-33　理想恒压电源组成的串联电路

电阻为 R_L 的负载不会获得接线柱 A 和 B 上的全部电源电压，因为一部分在蓄电池内阻 R_i 中损耗。即 $U_{KL} = U_q - U_{R_i}$。

电流 I 流经外部电路时，接线柱电压就会降低 IR_i（电流 I 流经内阻 R_i 时产生的电压降）。因此接线柱电压（负载电阻上的电压）就会随电流的升高而降低。

8. 欧姆定律

欧姆定律（根据其发明者 Georg Simon Ohm 命名）是最重要的电工学定律之一，它描述了电压、电流和电阻之间的关系。

欧姆定律是指在恒温下一个金属导体上的电压降 U 与流经导体的电流 I 成正比。

利用欧姆定律可计算出一个电路的三个基本参数，前提是至少已知其中的两个参数。这三个基本参数是电压、电流和电阻。欧姆定律可用以下三个公式表达。

$$U = IR$$
$$I = U/R$$
$$R = U/I$$

若在电阻 1 欧姆的用电器上施加 1 伏特电压，则电路内的电流为 1 安培。电压升高时，电流也随之升高。用电器电阻升高时，在电压保持不变的情况下电流减小。

魔法三角可用于辅助确定欧姆定律的不同公式，如图 0-34 所示。

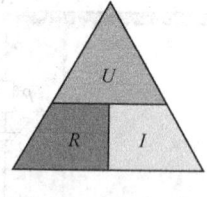

图 0-34　魔法三角

【注意】若很难接入电路或不允许断开电路，则要测量电路内已知电阻上的电压。随后可通过欧姆定律计算出电流。

9. 电功率

从技术角度来说，"电流消耗"这种通俗的表述是不正确的，因为流入设备的电流还会再次流出。事实上，涉及普通家用电流时，电子只是在导体内短程往复"摆动"，而不会有明显数量的电子从导线流入设备内。实际"流动"的是电能。电能同样不会像通俗表述的那样被消耗掉，而是进行相应转换，如转换为机械能（发动机）、热能（电吹风）和化学能（如手机电池充电时)。此时所做的功(电压、电流和时间的乘积)由一个所谓的电度表确定。因此,"电流消耗"的计量单位是能量单位"千瓦小时",而不是电流单位"安培"。

一般来说,功率是指特定时间内做功多少的能力。电功率是电子学和电工学中定义表述差异最大的一个数值。所有功率的共同点(针对直流电压)是计量单位和公式符号。

公式符号:电功率的公式符号是 P。

计量单位:电功率的基本单位是瓦特(W)或伏安(VA)。

后者通过电压和电流计算出来。计量单位 VA 经常可以在变压器和电机上看到。电功率 P、电压 U、电流 I 和电阻 R 之间的数学关系如图 0-35 所示。

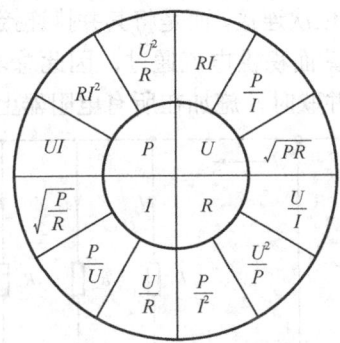

图 0-35 电功率 P、电压 U、电流 I 和电阻 R 之间的数学关系

可通过两个已知的电参数计算出一个未知的电参数,如 $P = UI$。

车辆发动机的功率也表示为 kW。

10. 电路

电流经过的通路称为电路。电路能实现电能的传输、分配与转换;实现信号的传递与处理等。电路一般由电源、负载、连接导线、控制和保护装置组成。但在车辆上一个电压电源(车载网络供电)会同时接有很多用电器。车辆上的所有接地连接都通过车身以电气方式相互连接。车身通过一根铜带与蓄电池负极接线柱连接在一起。

电路分为两种基本连接方式:串联、并联。

1) **串联电路和并联电路**

(1) 串联电路。串联时将所有电阻器依次连接在一起。电流先后经过每个电阻器,也就是说必须克服总电阻。串联电路如图 0-36 所示。

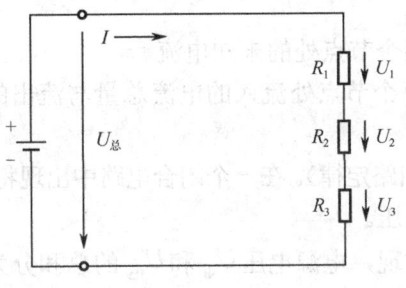

图 0-36 串联电路

相同电流经过所有电阻器时，这些电阻器为串联形式。总电压$U_总$分布在串联电路的各个电阻器上。各部分电压之和等于总电压。利用以下公式计算三个电阻器串联时的总电压。

$$U_总 = U_1 + U_2 + U_3$$

由于串联电路内各处的电流大小都相等，因此不同电阻器的电压降/局部电压不同。电压与对应的电阻成正比。串联电路的总电阻是各串联电阻之和。利用以下公式计算三个电阻器串联时的总电阻。

$$R_总 = R_1 + R_2 + R_3$$

总电压分配在最大电阻上的电压降最大。总电压分配在最小电阻上的电压降最小。

（2）并联电路。不是将电阻器依次连接，而是将其并排连接时称为并联。并联电路如图0-37所示。在这个电路中有更大的横截面积供电流通过，因此总电阻较小。并联电路的总电阻始终小于最小的单个电阻。电阻器并联时，施加在所有电阻器上的电压都相同。

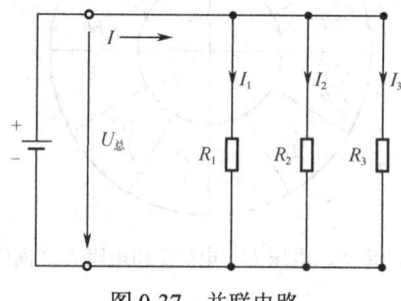

图0-37 并联电路

总电流在电阻器的连接点处分为多个分电流。分电流的总和等于总电流。利用以下公式计算三个电阻器并联时的总电流。

$$I_总 = I_1 + I_2 + I_3$$

并联电路的总电阻小于最小的单个电阻。电流可以更好地通过各个并联电阻器，即电导率升高。利用以下公式计算三个电阻器并联时的总电阻。

$$\frac{1}{R_总} = \frac{1}{R_1} + \frac{1}{R_2} + \frac{1}{R_3}$$

2）基尔霍夫定律

（1）基尔霍夫第一定律（节点定律）。并联电阻时会出现电流的汇合点，即所谓的节点。节点处的电流如图0-38所示。

由图0-38观察节点周围的电流会发现，流入节点的电流总量与流出节点的电流总量相等，即 $I_1 + I_2 = I_3 + I_4 + I_5$。

通过节点定律可计算出某个节点处的未知电流。

节点定律的内容是：在每个节点处流入的电流总量与流出的电流总量相等，或者所有电流的总量为零。

（2）基尔霍夫第二定律（回路定律）。在一个闭合电路中出现特定的电压分配现象，如图0-39所示。局部电压相加得到总电压。

观察电路内的电压时会发现，电源电压U_{q_1}和U_{q_2}的总和分为作用在电阻R_1和R_2上的局部电压U_1和U_2，即电流I流经电阻R_1和R_2时形成电压降。通过回路定律可计算出一个未知的电源电压。

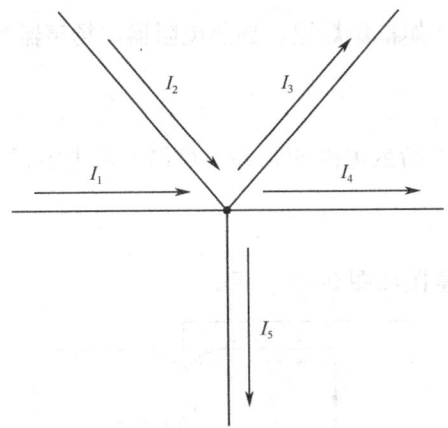

图 0-38 节点处的电流

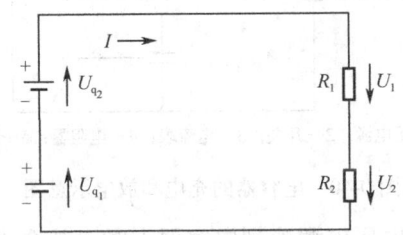

图 0-39 闭合电路中出现特定的电压分配现象

回路定律的内容是：在每个闭合电路中，电源电压的总和等于所有电压降之和。

3）最常见的电路故障

（1）接触电阻。经过一段时间，连接部位在空气、湿气、污物和侵蚀性气体的作用下出现氧化现象。这种氧化作用会使连接部位的接触电阻增大。

根据欧姆定律，电阻增大会产生电压降。电路中的电阻增大导致电流减小，用电器内实际消耗的功率减小。例如，因氧化作用造成前灯导线电压降为10%时，前灯内的实际功率就会减小大约20%。接触电阻较小且电流只有几安培时，电压降可以忽略不计。

接有电流较大的用电器时，可能会出现严重影响用电器功能的电压降。但由于无法用万用表测量较小的接触电阻，因此必须通过测量闭合电路内的电压来确定该电阻。

（2）短路。在两个电极（如电池的正极和负极接线柱）之间建立起直接的导电连接（通常是不希望出现的）时称为电气短路。短路就是电压电源的突然性电荷平衡。短路通常是由于绝缘不良或电气系统及电路出现电路故障造成的。

在电压几乎降为零的同时，电流达到其最大值，即短路电流。该电流只能通过电源内阻R_i来限制。所有为进行平衡而聚集的电子试图同时通过导体。导体无法承受这种电子流，因此导致导体上产生电火花或过热。

由于短路电流没有受到限制，因此可能导致没有熔断器保护的导线或电缆过热损坏。出现较高的短路电流时，熔断器必须熔断，同时以最快的速度将短路部位与其他正常的供电网络断开。根据电路情况必须尽快切断（最多 0.1s），以将电压降和短路电流的影响降至最低。否则可能会引起火灾。

（3）断路。断路时电路无法闭合，即所需电流中断。断路通常是由于插接连接问题造成的。断路的结果是用电设备（如白炽灯泡、加热电阻器、扬声器等）无法工作。

11．电容器和电容

电容器是一个能够存储电荷或电能的元件。最简单的电容器由两个对置的金属板和金属板之间的一个绝缘体组成。

1）电容器的充电和放电

电容器的充电和放电示意图如图 0-40 所示。

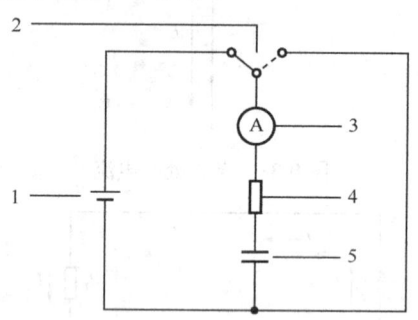

1—直流电压电源；2—开关；3—电流表；4—电阻器；5—电容器。

图 0-40　电容器的充电和放电示意图

通过开关闭合将一个直流电压电源连到电容器上时，就会进行电荷转移。一个电容器金属板上电子过剩（负电荷），另一个金属板上的电子不足（正电荷）。短时间内流过一股充电电流，直至电容器充满电。该电流可用电流表测量。电容器充满电时不再有电流流过（电流表显示 0A），即使之后电压电源仍保持连接状态。随后电容器阻断直流电流，即电容器电阻变为无限大。

电容器与直流电压电源断开后电容器仍保持充电状态，即两个金属板之间存在电势差。

电容器存储了电能。

通过改变开关位置使电容器短路，放电电流朝反方向流动。直至两个金属板重新为电中性，或者电阻器内的电能转化为热能时，放电电流停止流动。电容器充电/放电时的电压和电流曲线图如图 0-41 所示。

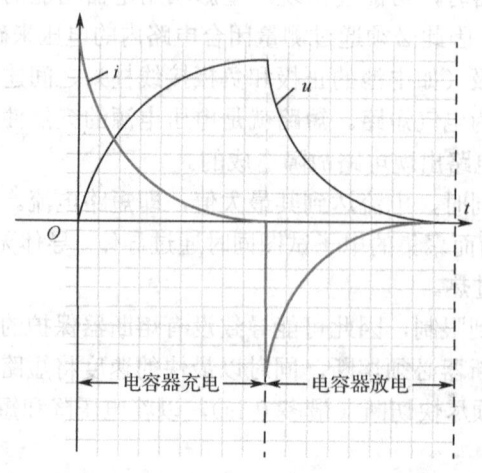

图 0-41　电容器充电/放电时的电压和电流曲线图

电容器在充电过程开始时的电流较高,而电压较低或为0V。随着电容器充电过程的进行,电流越来越小,电压越来越大。电容器充满电时不再有电流经过,电压达到电压电源值。

电容器开始放电时电流较高,但与充电时的流动方向相反。电压开始时为最大值,然后随着电容器放电而不断降低。电容器完全放电后不再有电流经过,电容器金属板之间没有电势差。

若单位时间内充电和放电过程的数量增加(如通过施加交流电压),则单位时间内的充电和放电电流就会增大。因此单位时间内的电流平均值也会增大,电容器内的电流变大,即电容器电阻明显减小(电容性电抗)。

电容器在车辆上作为短时电荷存储器使用,用于电压滤波和减小过压峰值。

2)电容

电容器的存储能力称为电容。电容的单位是法拉(F)。实际使用的电容器值小于一法拉。

$$1mF = 10^{-3}F$$
$$1\mu F = 10^{-6}F$$
$$1nF = 10^{-9}F$$
$$1pF = 10^{-12}F$$

电容器充电和放电时间的计算。计算充电和放电时间时,需要电容器充电电流经过的电阻器的电阻和电容器的电容。施加的电压大小对充电时间没有影响,电容器的电容 C 越小、电阻器的电阻 R 越小,充电过程越快。因此,电容 C 与电阻 R 的乘积为时间常数 τ。

$$\tau = RC$$

在每个时间常数 τ 内,电容器以充放电电压的63%充电或放电。5个时间常数 τ 后,电容器几乎完全充满或排空。

3)电容器的类型

根据实际应用情况使用非极化或极化电容器。电容器类型如图0-42所示。非极化电容器的两个接头相同,即可以相互调换,它可用直流和交流电压驱动。而极化电容器有一个正极接头和一个负极接头,这两个接头不能互换,且它不能用交流电压驱动。

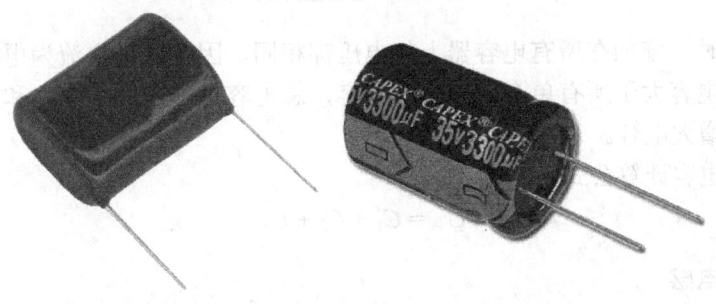

(a)非极化电容器　　(b)极化电容器

图0-42　电容器类型

4)电容器的串联和并联

与电阻器相似,电容器也可并联和串联。

(1)电容器串联。将电容器依次连接在一起且相同电流经过所有电容器时,电容器为串联形式。电容器串联如图 0-43 所示。

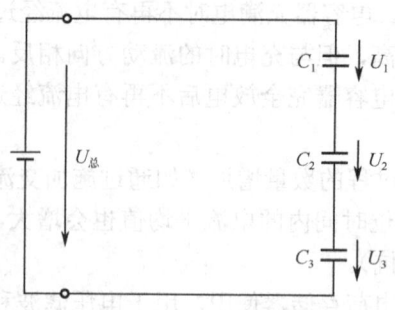

图 0-43　电容器串联

总电压 $U_总$ 分布在串联电容器上，局部电压之和等于总电压。最小电容上的电压降最大，最大电容上的电压降最小。串联电路的总电容小于最小的单个电容，每增加一个串联电容器，总电容就会随之减小。

串联时的总电容计算公式：

$$\frac{1}{C_总}=\frac{1}{C_1}+\frac{1}{C_2}+\frac{1}{C_3}$$

（2）电容器并联。电容器并联如图 0-44 所示。

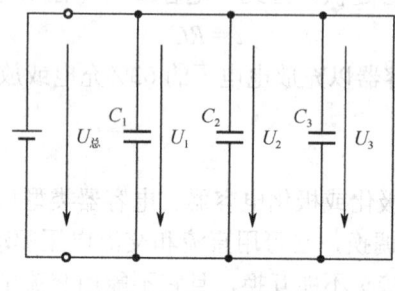

图 0-44　电容器并联

电容器并联时，施加在所有电容器上的电压都相同。因为通过电流为电容器充电，所以所有电容器的总电容大于所有单个电容器的电容，总电容等于单个电容之和。电容器通常采用并联方式，以增大电容。

并联时的总电容计算公式：

$$C_总=C_1+C_2+C_3$$

12. 线圈和电感

在车辆电气系统上线圈有多种用途，如用作点火线圈、用于继电器和电机内。

在车辆电子系统上，线圈用于感应式传感器内，如曲轴和凸轮轴传感器。但线圈也可以用于输送能量（变压器）或进行过滤（如分频器）。在继电器内利用线圈的磁力切换开关。

1）载流导体的磁场

在每个载流导体周围都有一个磁场。磁力线的形状为闭合的圆圈。某个载流导体的磁场如图 0-45 所示。

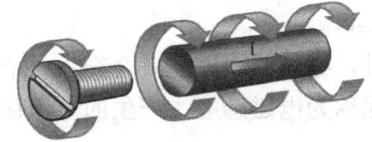

图 0-45　某个载流导体的磁场

载流导体周围磁力线的方向可通过螺旋定则确定。若将一个右旋螺纹螺栓沿电流方向（技术方向）拧入一个导体内，则其旋转方向就是磁力线方向。流入导体内的电流用 I 表示，流出导体的电流用中心有一个点的圆圈表示。

2）线圈

线圈是指缠绕在一个固体上的导线。但不一定要有这个固体，它主要用于固定较细的导线。通电线圈的磁场如图 0-46 所示。

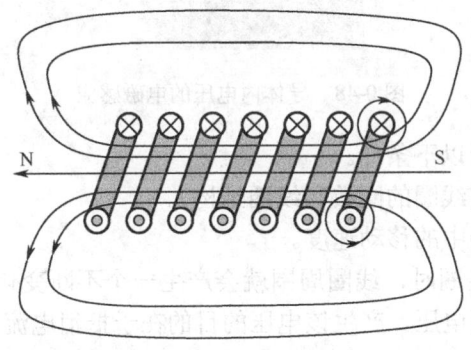

图 0-46　通电线圈的磁场

将电导体缠绕成一个线圈时，就会在线圈内部形成磁力线。磁力线平行分布且密度相同，这种磁场称为均匀磁场。磁力线离开的地方为北极，进入的地方为南极。

线圈最重要的物理特性是其电感。一个线圈的电感是在自身绕组中将电能转化为磁能的能力。电感的公式符号是 L，电感的计量单位是 H（亨利）。

线圈的电路符号如图 0-47 所示。

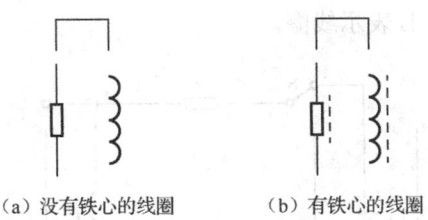

（a）没有铁心的线圈　　（b）有铁心的线圈

图 0-47　线圈的电路符号

除电感外，线圈还具有其他一些特性（通常是不希望出现的），如电阻或电容。

一个线圈的磁场强度取决于：①绕组数量 N；②电流 I；③线圈结构。

通过在线圈中放入一个铁心可使磁场强度增大 1000 倍。铁心不是电路的一部分，带有铁心的线圈称为电磁铁。只有当电流 I 经过线圈时，软磁铁心才保持磁性。

3）电磁感应

导体或线圈在磁场中移动时，导体或线圈内就会产生一个电压。磁场强度改变时，导体或线圈内也会产生电压。该过程称为电磁感应，产生的电压称为感应电压。导体内电压的电磁感应如图 0-48 所示。

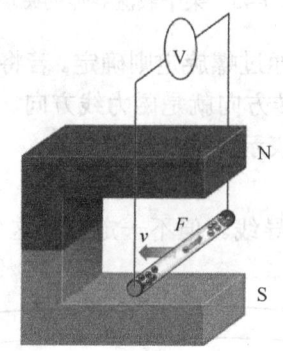

图 0-48　导体内电压的电磁感应

感应电压的大小取决于以下条件。
（1）磁场强度（电流、线圈的圈数和线圈结构）。
（2）导体或线圈在磁场中的移动速度。

不断变化的电流经过线圈时，线圈周围就会产生一个不断变化的磁场。电流每变化一次线圈内都会产生一个自感应电压。产生该电压的目的在于抵消电流变化。

电感对磁场变化（建立和消失）的反作用与物理学中的惯性原理相似。

自感应电压越来越大的条件如下。
（1）电感越来越大。
（2）电流变化越来越大。
（3）电流变化时间越来越短。

4）线圈对直流电流的反应

线圈对直流电流的反应如图 0-49 所示。其中 S 表示开关，1 表示电压电源接通，2 表示电压电源断开，R 表示电阻器，L 表示线圈。

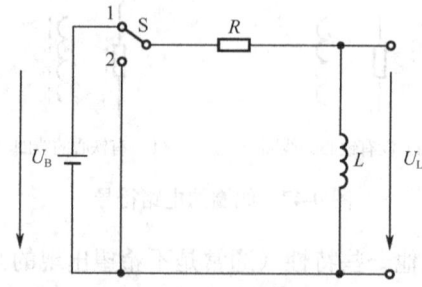

图 0-49　线圈对直流电流的反应

线圈 L 通过开关 S 经电阻器 R 与一个直流电压连接在一起。开关 S 接通时，几乎全部电压 U_B 都施加在线圈 L 上，接通时线圈 L 起到中断作用，即与电容器的作用相反。随着经过线圈 L 的电流慢慢增加，线圈 L 上的电压逐渐减小，5τ 时间过后流过最大电流，此时几乎全部电压 U_B 都施加在电阻器 R 上，时间常数 τ 根据以下公式计算得出。

$$\tau = \frac{L}{R}$$

断开电压 U_B 时，线圈 L 内产生的磁场消失并形成感应电压。这个电压 U_L 使一股电流经过电阻器 R，直至磁场完全转化为电能并在电阻器 R 中转换为热能。线圈的电压和电流曲线图如图 0-50 所示。

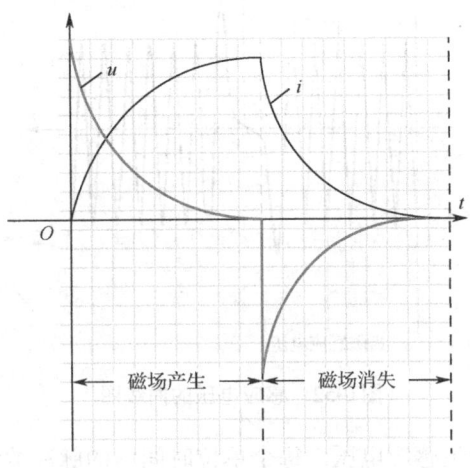

图 0-50　线圈的电压和电流曲线图

如果断开电压 U_B 后没有形成闭合电路，那么感应电压就会明显增大并在打开的开关 S 处产生火花（电弧）。

5）在车辆上的用途

感应式脉冲传感器根据感应原理工作。为此主要需要一个线圈（绕组）、一个磁场和"移动"。通过这种测量原理能够以非接触（因此也不产生磨损）方式测量角度、距离和速度。曲轴传感器如图 0-51 所示。

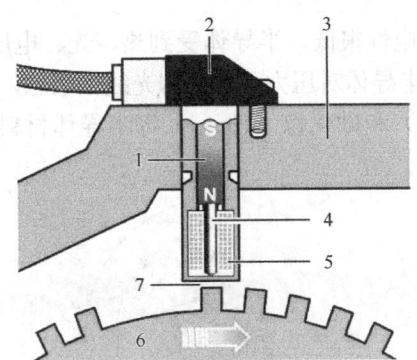

1—永久磁铁；2—曲轴传感器壳体；3—发动机壳体；4—软铁心；5—线圈；6—齿隙（基准标记）；7—气隙。

图 0-51　曲轴传感器

下面以曲轴传感器介绍感应式脉冲传感器的功能。曲轴传感器用于测量发动机转速。它由一个永久磁体和一个带有软铁心的感应线圈构成。飞轮上装有一个齿圈作为脉冲传感器（移动）。

在感应式传感器与齿圈之间只有一个很小的间隙。经过线圈的磁流情况取决于传感器对面是间隙还是轮齿。轮齿将散乱的磁流集中起来，而间隙则会削弱磁流。飞轮及齿圈转动时，就会通过各个轮齿使磁场产生变化。感应电压的曲线图如图 0-52 所示。

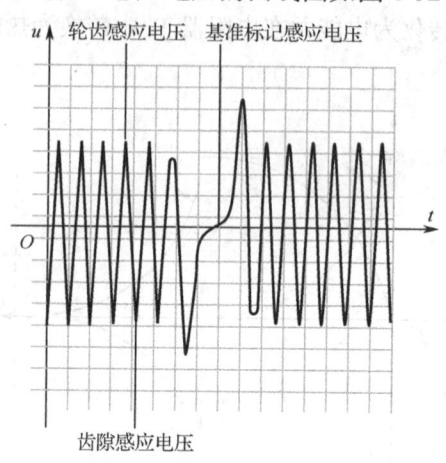

图 0-52　感应电压的曲线图

磁场变化时在线圈内产生感应电压。每个单位时间内的脉冲数量是衡量飞轮转速的标准。控制单元也可以通过已知的齿圈齿隙确定发动机的当前位置。通常使用 60 齿距的脉冲信号轮，缺少一或两个轮齿的部位定为基准标记。发动机转速是计算空燃混合气和进行点火调节的主要控制参数。现在用霍尔传感器取代感应式脉冲传感器作为曲轴传感器的情况越来越多。

13. 半导体技术

半导体是指电导率处于强导电性金属与绝缘体之间的材料。为了有目的地影响或控制半导体的电导率，将杂质加入半导体内，专业术语叫作掺杂。掺杂时加入具有特定晶格结构的不同化合价外部原子。

在室温条件下半导体的导电性很低。半导体受到热、光、电压形式的能量或磁能影响时，其电导率就会发生变化。由于半导体对压力、温度和光线很敏感，因此也是理想的传感器材料。

半导体元件主要由硅（Si）和砷化镓（GaAs）等半导体材料制成。硅原子结构如图 0-53 所示。

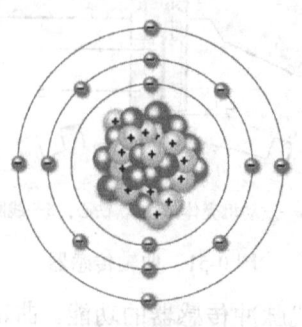

图 0-53　硅原子结构

硅晶体内部是由单个硅原子构成的固态结构。每个原子的外部电子壳内都有四个电子，称为价电子。原子各个方向上都有一个价电子与相邻元素的相应电子相连，与其形成稳定的电子化合物。每个原子都以这种方式同相邻电子形成四个稳定的电子化合物，因此，纯硅在固态形式下形成晶格，其电阻较高，是一种不良导体。

通过有目的地加入更高或更低化合价的杂质可提高纯硅晶体的电导率。硅晶格结合外部原子的过程称为掺杂。

1）N 掺杂

将一个五价元素（如磷）作为杂质加入一个硅晶体内时，磷原子可以顺利地加入硅晶格结构内。N 掺杂如图 0-54 所示。虽然磷原子有五个价电子，但其中只有四个电子能与相邻的硅原子形成稳定的电子对连接。也就是说还剩余一个自由电子。

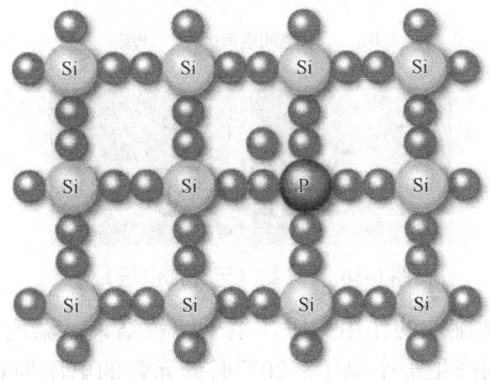

图 0-54　N 掺杂

因此，加入硅晶体内的磷原子因剩余一个电子而形成晶体缺陷。以这种方式掺杂形成的晶体为 N 型半导体。在实际应用中，通常在每一百万个硅原子中加入一个磷原子形成这种结构。也就是说，向硅元素中添加磷杂质非常困难。

2）P 掺杂

P 掺杂是指向一个硅晶体内加入一个三价元素（如硼）的杂质。P 掺杂如图 0-55 所示。一个硼原子的最外侧电子轨道上有三个电子，但需要四个电子与其四个相邻元素形成稳定的电子对连接。在缺少一个电子的部位留下了一个"洞"。掺杂后带有这种电子空穴的晶体称为 P 型半导体。电子空穴很容易再次吸收电子，以便重新达到中性状态。

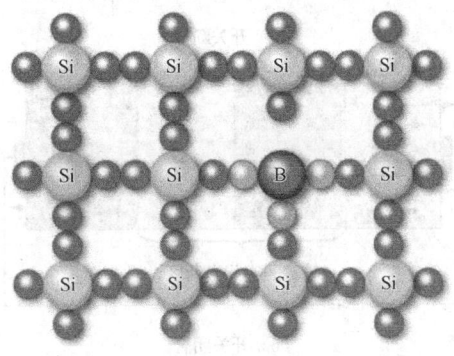

图 0-55　P 掺杂

3）PN 结

通过采用不同的掺杂方式，现在形成了两种不同的半导体。将 P 导电材料和 N 导电材料结合在一起时，两种材料之间就会形成一个边界层，称为 PN 结。在环境热量的影响下，两个区域边界层上的电子由 N 型半导体移入 P 型半导体并填补那里的电子空穴。同时在 N 型半导体内留下电子空穴。这样就在 P 与 N 型半导体之间的边界处形成了一个空间电荷区。PN 结（无外部电压）如图 0-56 所示。

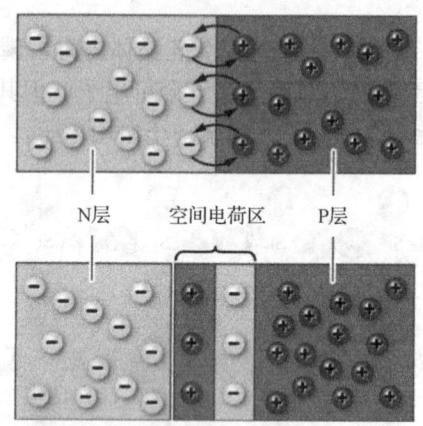

图 0-56　PN 结（无外部电压）

当电场足以克服热振动施加的作用力时，电子转移结束。温度越高，空间电荷区越宽，电场越强。在空间电荷之间产生一个电压。20℃时硅元素的电压为 0.6~0.7V。

如果电压电源正极连接在 N 型半导体上，负极连接在 P 型半导体上，那么 N 型半导体中多余的电子就会通过电源进入 P 型半导体的电子空穴内。这样边界层就会扩大，且没有电流经过硅晶体。PN 结（阻隔方向）如图 0-57 所示。

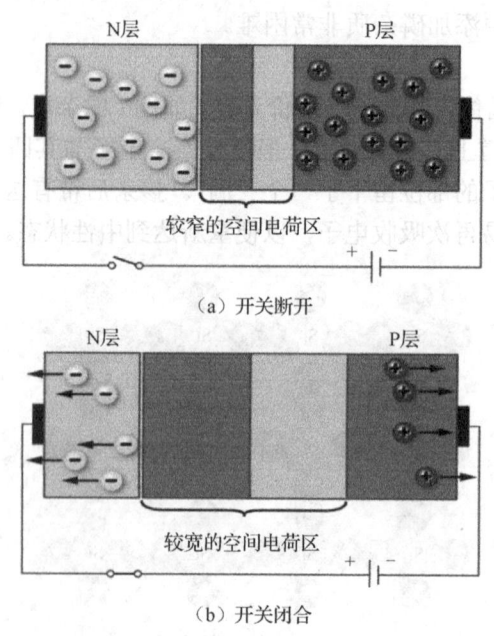

(a) 开关断开

(b) 开关闭合

图 0-57　PN 结（阻隔方向）

相反，如果电压电源正极连接在 P 型半导体上，负极连接在 N 型半导体上，那么 N 掺杂边界层就会从电压电源获得大量电子，而 P 掺杂边界层的电子则被吸收，从而在 N 掺杂边界层内会出现更多的剩余电子，P 掺杂边界层则会出现更多的电子空穴。这样边界层就会完全消失并有电流流过硅晶体。PN 结（流通方向）如图 0-58 所示。

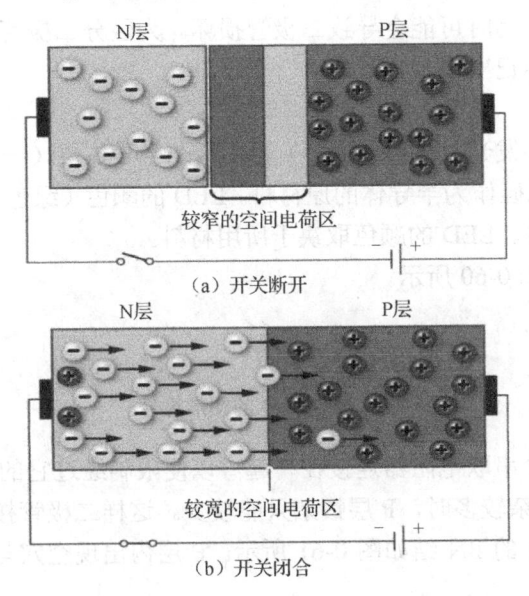

(a) 开关断开

(b) 开关闭合

图 0-58　PN 结（流通方向）

也就是说，PN 结作为整流器（二极管），允许电流朝一个方向流动并阻止其向另一个方向流动。

14. 半导体元件

1）二极管

通过 P 型半导体和 N 型半导体结合形成的元件称为半导体二极管，简称二极管。半导体晶体的塑料或金属壳体用于防止其机械损坏。两个半导体层向外导电。阳极为至 P 层的触点，阴极为至 N 层的触点。二极管的结构和图形符号如图 0-59 所示。

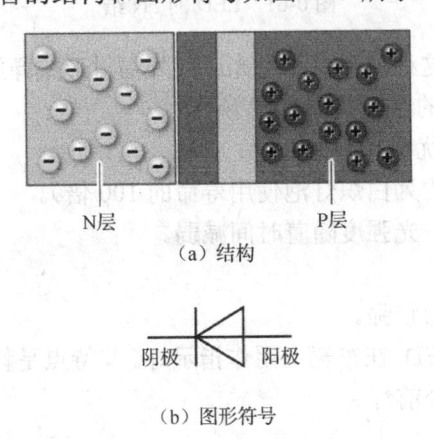

(a) 结构

(b) 图形符号

图 0-59　二极管的结构和图形符号

图形符号中的箭头表示流通方向。二极管的作用就像一个电子管。因此可以作为用于交流电流整流的元件。如果在阳极上施加正电压，那么阳极就会切换到流通方向，电流流过二极管。为了防止电流过大造成二极管损坏，通过负载电阻限制电流。若在阳极上施加负电压，则会使其切换到阻隔方向，没有电流经过二极管。

阻隔方向上的电压过高时可能会导致二极管损坏。为区分二极管的两个接头，"N 侧"通常以一个圆圈或一个点标记出来。

2）发光二极管

与其他二极管一样，发光二极管（LED）也由两个半导体层（一个 P 层和一个 N 层）组成。但通常用砷化镓取代硅作为半导体的原材料。LED 的颜色（绿色、黄色、红色、蓝色等）、尺寸和结构形式有许多种。LED 的颜色取决于所用材料。

LED 的图形符号如图 0-60 所示。

图 0-60　LED 的图形符号

LED 必须始终与一个串联电阻器连接在一起。以便限制经过它的电流。

一个 LED 的 N 层掺杂较多时，P 层掺杂只能较少。这样二极管接入流通方向时，电流几乎只通过电子运载。LED 的 PN 结如图 0-61 所示。P 层内出现空穴与电子结合（复合）的情况时，会释放出能量。

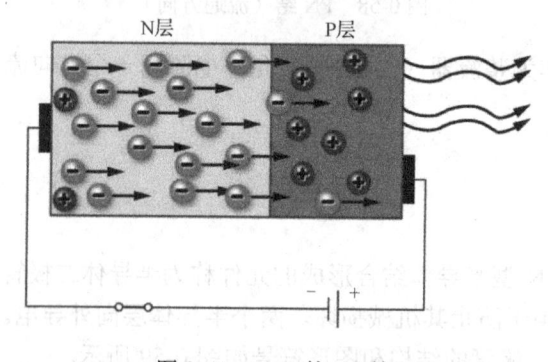

图 0-61　LED 的 PN 结

根据具体半导体材料，这种能量以可见光或红外辐射形式释放出来。由于 P 层非常薄，因此可能有光线溢出。LED 的结构如图 0-62 所示。

LED 相对于白炽灯泡的优势如下。

（1）使用寿命很长（大约为白炽灯泡使用寿命的 100 倍）。

（2）不会突然发生故障，光强度随着时间减弱。

（3）响应时间更快。

（4）抵抗机械作用的能力较强。

与以前的信号灯相似，LED 在车辆上用作指示灯。其特点是耗电量低且使用寿命长。LED 的开发方向是用于尾灯和部分前灯。

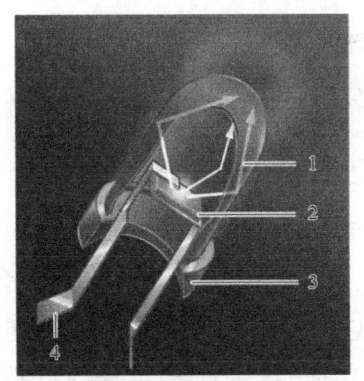

1—发出的光线；2—PN 结；3—塑料壳；4—电气接头。

图 0-62　LED 的结构

3）稳压二极管

稳压二极管（齐纳二极管，简称稳压管）接入阻隔方向。如果在阻隔方向上超过一个特定的电压 U_Z，那么电流 I_Z 会明显提高，二极管即可导电。通过提高掺杂物质可使阻隔层变得很薄，因此电压为 1～200V 时就会击穿。为了在出现击穿电压时电流迅速升高不会造成二极管损坏，必须通过一个相应的电阻器限制电流。稳压管曲线图如图 0-63 所示。其中，$U_{Z_{max}}$ 表示最大齐纳电压，$U_{Z_{min}}$ 表示最小齐纳电压，$I_{Z_{min}}$ 表示最小齐纳电流，$I_{Z_{max}}$ 表示最大齐纳电流。

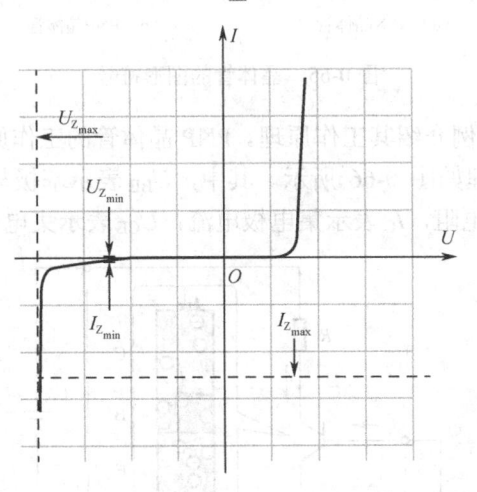

图 0-63　稳压管曲线图

4）晶体管

晶体管是由三个半导体层组成的电子元件。

根据半导体层的分布方式分为 PNP 晶体管和 NPN 晶体管。NPN 和 PNP 晶体管的结构如图 0-64 所示。每个半导体层都有一个电气接头。这三个半导体层及其接头称为发射极（E）、基极（B）和集电极（C）。电荷载体从发射极移动到基极（发射出去）并由集电极吸收。因此晶体管有两个 PN 结，一个位于发射极与基极之间，另一个位于集电极与基极之间。晶体管的图形符号如图 0-65 所示。

（a）NPN晶体管

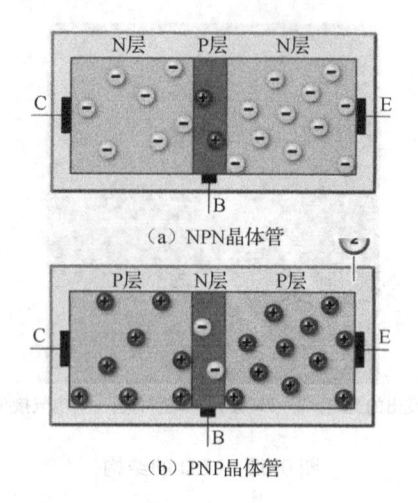

（b）PNP晶体管

图0-64　NPN和PNP晶体管的结构

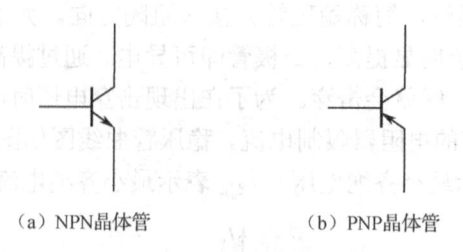

（a）NPN晶体管　　　　（b）PNP晶体管

图0-65　晶体管的图形符号

下面以NPN晶体管为例介绍其工作原理。PNP晶体管的工作原理与之相同，但电流流动方向相反。晶体管工作原理如图0-66所示。其中，U_{BE}表示基极与发射极之间的电压，I_B表示基极电流，R_L表示负载电阻，I_C表示集电极电流，U_{CE}表示集电极与发射极之间的电压。

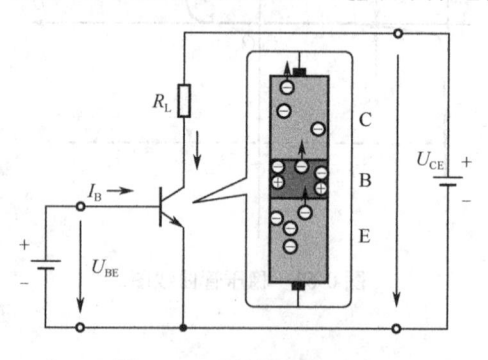

图0-66　晶体管工作原理

发射极内有很多电子。基极内只有少量空穴（缺陷处）。在正电压U_{BE}的作用下，负电荷电子进入基极层。电子在那里与空穴结合。基极至发射极电压电源重新以很小的电流形式提供正电荷空穴。

在集电极与发射极之间施加一个很小的电压时，基极空间内的剩余电子就会受到正集电极电压的影响。集电极至基极的阻隔层消失，集电极电流I_C流过。

晶体管放大作用的基础是以基极空间内很少的电荷载体（很小的基极电流）即可控制很

大的集电极电流。

基极至发射极电压较小时,只有部分发射极内的电子进入基极空间。因此流过的集电极电流较小。通过改变基极电流 I_B 可控制集电极电流 I_C。图 0-66 所示的基极至发射极组在实际应用中由一个分压器所取代。

略微改变基极电流就会使集电极电流变化较大。由于集电极电流与基极电流之间基本为线性关系,因此将这种变化定义为静态电流增益系数。利用以下公式计算静态电流增益系数。

$$B = \frac{I_C}{I_B}$$

用作开关的晶体管。在车辆电气/电子系统中用电器通过机械和电子开关打开和关闭。晶体管适合接通较小的电流。

机械开关已由晶体管所取代,因为晶体管响应速度更快、没有噪声而且不会造成机械磨损。晶体管上未施加基极电压时,没有基极电流流过。这意味着没有集电极电流流过。晶体管上施加正基极电压时,有基极电流和集电极电流流过。

5)场效应晶体管

场效应晶体管(通常称作 FET)是单极晶体管。场效应晶体管如图 0-67 所示。因为与之前所述的双极晶体管相比,根据晶体管类型,单极晶体管的电流输送过程仅涉及空穴或电子。

场效应晶体管有以下几种类型。

(1)阻隔层场效应晶体管(结 FET)。

(2)绝缘层场效应晶体管。

(3)金属-氧化物-半导体场效应晶体管(Metal-Oxide-Semiconductor-Field Effect Transistor,MOSFET)。

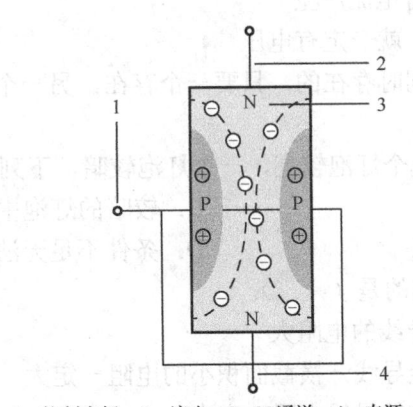

1—控制电极;2—流出;3—N 通道;4—来源(流入)。

图 0-67 场效应晶体管

图 0-67 所示的场效应晶体管 N 通道是导电区域。通过向控制电极(门)施加电压影响电场。流过场效应晶体管导电通道的电流由该电场控制。

门电压升高时,阻隔层(空间电荷区)扩大。流过 N 通道的电流受到挤压并因此而减小。若减小门电压,则阻隔层缩小,流过 N 通道的电流增大。

改变阻隔层宽度几乎不消耗功率。因此只有很小的阻隔电流流过,由于半导体晶体的固有导电性，因此无法阻止该阻隔电流流过。由于功率消耗较小且可以接通较高的电流，因此使用场效应晶体管作为开关和恒流电源。

MOSFET 的图形符号如图 0-68 所示。

图 0-68　MOSFET 的图形符号

习题

（一）单选题

1. 当有人触电时，切断电源的方法是（　　）。
   A．用干木棍把触电者身上的电线挑开　　B．用手拉开触电者
   C．用手拉开电线　　D．用脚踢开触电者身上的电线

2. 易燃液体发生火灾后，不能用（　　）扑灭。
   A．水　　B．泡沫灭火器　　C．干粉灭火器　　D．二氧化碳灭火器

3. 新能源汽车高压导线的颜色为（　　）。
   A．黑色　　B．白色　　C．红色　　D．橙色

4. 下列关于电压的描述中正确的是（　　）。
   A．电路中只要有电压，就有电流产生
   B．电路中只要有电流存在，就一定有电压
   C．电路中的电流与电压是同时存在的，只要一个存在，另一个就会存在
   D．以上说法都不正确

5. 两个灯泡串联在一起，一个灯泡较亮，一个灯泡较暗，下列说法正确的是（　　）。
   A．较亮的灯泡中电流较大　　B．较暗的灯泡中电流较小
   C．两个灯泡的电流一样大　　D．条件不足无法判断

6. 下列关于电阻的说法正确的是（　　）。
   A．铁导线的电阻一定比铜导线的电阻大
   B．两根长度相同的镍铬合金导线，横截面积小的电阻一定大
   C．长度相同的两根导线，细的导线电阻一定大
   D．长度相同，材料相同，横截面积也相同的导线，在任何情况下，电阻都一样大

7. 线圈的电感与（　　）没有关系。
   A．匝数　　B．尺寸　　C．有无铁心　　D．外加电压

8. 在二极管特性的正向导通区，二极管相当于（　　）。
   A．大电阻　　B．接通的开关　　C．断开的开关　　D．大电容

9. 电路中最危险的状态是（　　），电路中阻碍最小，电流最大。
   A．短路　　B．断路　　C．接触电阻　　D．大电流

（二）判断题

（　　）1. ⚡ 该标识表示的意思是小心触电。

（　　）2. 车间上班因为劳保鞋较重，所以可以不用穿劳保鞋。

（　　）3. 高压绝缘手套主要用于防止高压触电。例如，维修车间用电设备或电动车、混合动力车型时应戴上高压绝缘手套，以免触电。

（　　）4. 线路维修前，先断开电源。维修后，确认没有问题了再接通电源。

（　　）5. 静电可能击穿电子元件，造成损坏。

（　　）6. 蓄电池充电连接时，应先连接负极，后连接正极。断开时，应先断开负极，再断开正极。

（　　）7. 新能源高压警示标识一般采用黄色或红色底色。

（　　）8. 车间生产管理的工作方针是安全第一、预防为主。

（　　）9. 电压是施加在自由电子上的压力或作用力，这是对电压的描述。

（　　）10. 用电压表测量电压，开始时应选择较小的测量范围（量程）。

（　　）11. 电流流动方向不随时间而改变，这种电流称为交流电（DC）。

（　　）12. 测量后要将电流表调到最大交流电压量程。

（　　）13. 导体的电阻取决于导体的尺寸、比电阻和温度，导体越长电阻越小。

（　　）14. 电容的计量单位是法拉（F）。

（　　）15. 三极管常用作功率放大器、晶体管开关。

（　　）16. 电感的公式符号是 L。

（　　）17. 由欧姆定律可知 $R=U/I$，因此电阻与电压、电流有关。

（　　）18. 电功率的基本单位是瓦特。

（　　）19. 电源是将其他形式的能转换为电能并向电路（电子设备）提供电能的装置。

（　　）20. 并联电路的总电阻是各串联电阻之和。

任务1

起动机电路检修

培训目标：
1. 能进行工位 7S 操作。
2. 能正确连接起动机电路，验证起动机的功能并排除简单故障。
3. 掌握大电流电路对电缆的要求、起动机的组成与工作原理。

一、任务描述

根据汽车电路检修专项考核要求，需要完成起动机电路图的绘制。在汽车电器台架上用连接导线连接起动机线路，验证起动机的功能并排除简单故障。

二、任务分析

要想完成起动机电路检修的任务内容，需要具备以下知识与技能。

1. 相关知识

1）汽车电路的组成

在汽车上基本电路是由电源、熔断器、开关、用电器和导线组成的。汽车基本电路的组成如图 1-1 所示。使用导线将它们连接起来，组成一个完整的电路。当开关闭合时接通回路，用电器中有电流通过，开始工作。

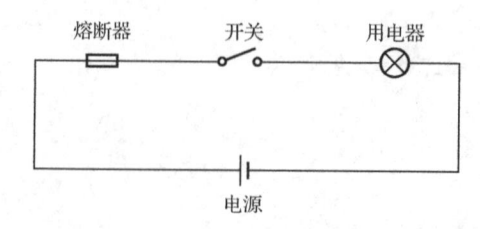

图 1-1　汽车基本电路的组成

汽车上任何电路都是在基本电路的基础上演变而来的。无非是多条电路进行并联或串联，使电路看上去比较复杂。只要依据电流始终是从蓄电池或电源正极流向负极的原则，就能很容易地识读明白电路图。

2）大电流电路对电缆的要求

通常汽油发动机起动时，蓄电池输出电流可达 200~600A，柴油机起动时，蓄电池输出电流可达 1000A。一般发动机的排量越大起动电流就越大，不同的发动机搭配不同的起动机。通常汽车起动机的功率在 1kW~3kW 之间。在起动发动机时，蓄电池会释放非常大的电流，这样才能顺利起动发动机。图 1-2 所示为某车型的电路规格，该图中的 CSA 为导线横截面积，用平方毫米表示。

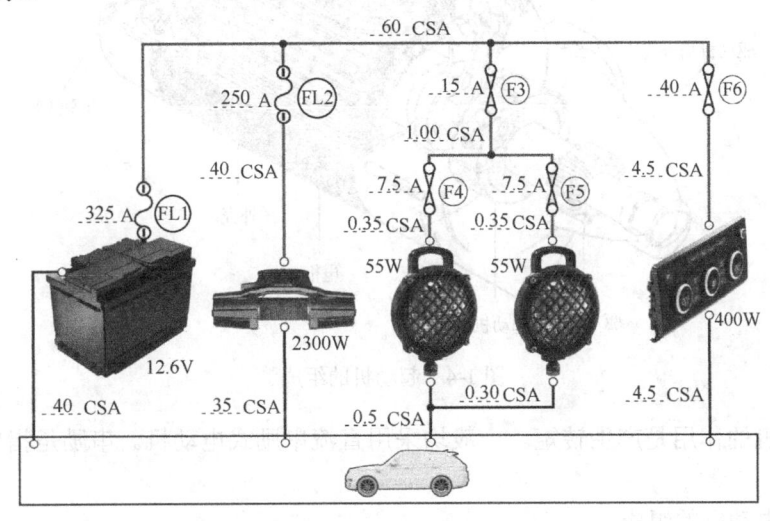

图 1-2 某车型的电路规格

3）常规起动机的组成、结构和工作原理

常规起动机一般由直流串励式电动机、传动机构和控制装置（也称电磁开关）三部分组成。图 1-3 所示为起动机与发动机飞轮的啮合关系。图 1-4 所示为起动机的组成。点火开关旋至起动挡时，电磁开关把传动机构中的驱动齿轮推出，使其与发动机的飞轮齿圈啮合，同时接通蓄电池至直流电动机电路，直流电动机产生转矩并通过传动机构传递给飞轮，使发动机起动。

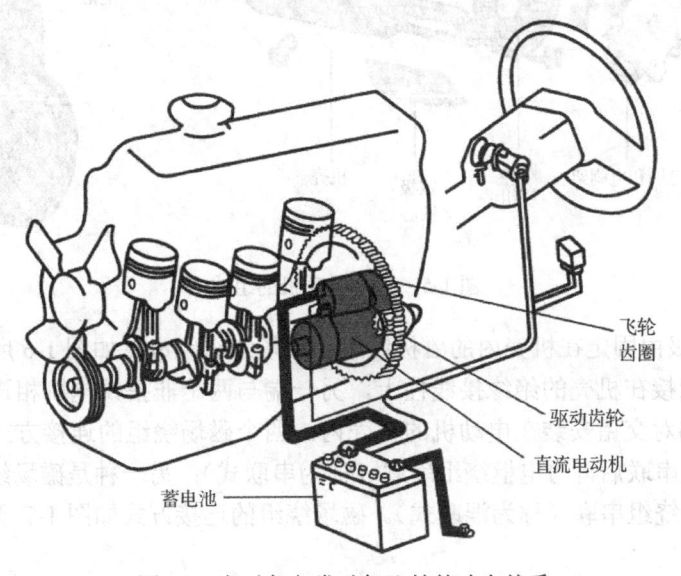

图 1-3 起动机与发动机飞轮的啮合关系

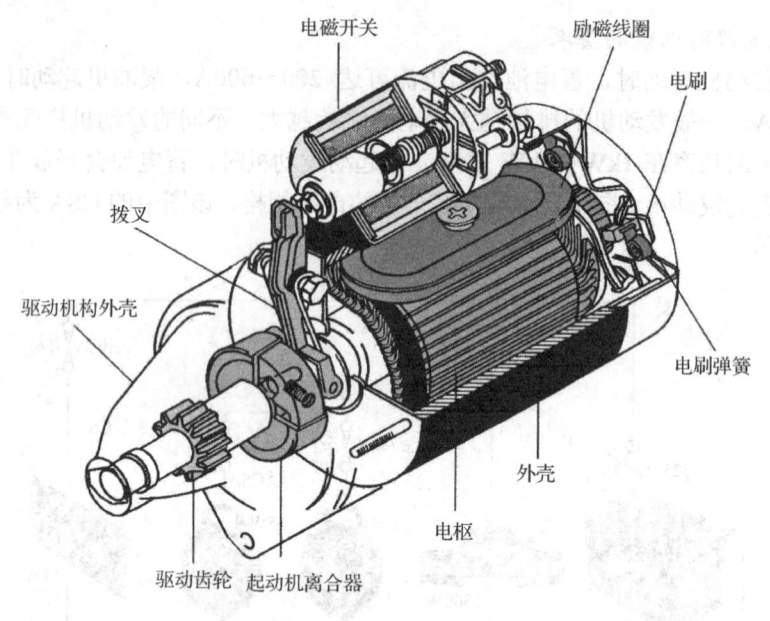

图 1-4　起动机的组成

直流电动机的作用是产生转矩。一般均采用直流串励式电动机。串励是指电枢绕组与磁场绕组串联。

（1）直流电动机的组成。

直流电动机由磁极、电枢、电刷、电刷架和机壳等组成。直流电动机的组成如图 1-5 所示。

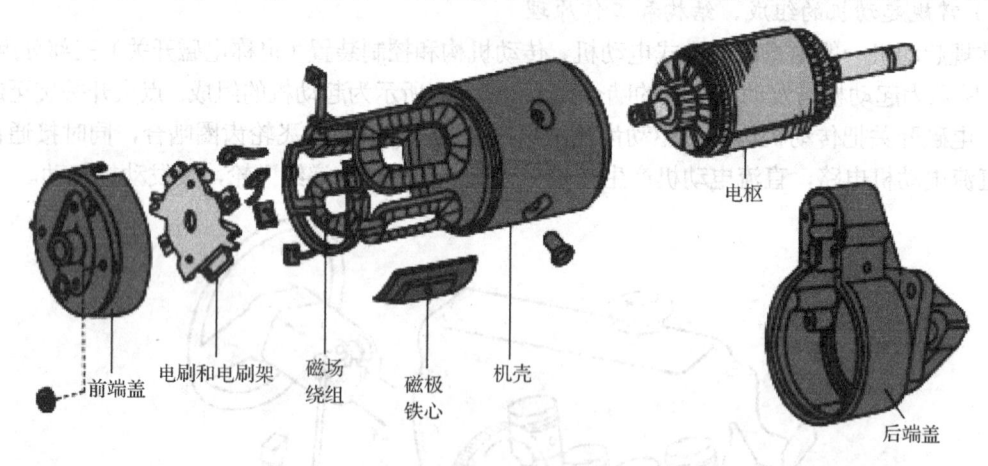

图 1-5　直流电动机的组成

① 磁极。磁极由固定在机壳内的磁极铁心和磁场绕组组成，如图 1-6 所示。

磁场绕组一端接在机壳的绝缘接线柱上，另一端与两个非搭铁电刷相连接。磁极一般是四个，两对磁极相对交错安装在电动机的机壳内。四个磁场绕组的连接方式有两种，一种是四个磁场绕组相互串联后再与电枢绕组串联（称为串联式）；另一种是磁场绕组两两串联后再并联，之后与电枢绕组串联（称为混联式）。磁场绕组的连接方式如图 1-7 所示。

磁极铁心

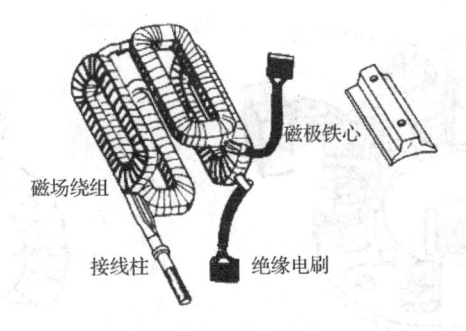

磁场绕组

接线柱　绝缘电刷

图 1-6　磁极

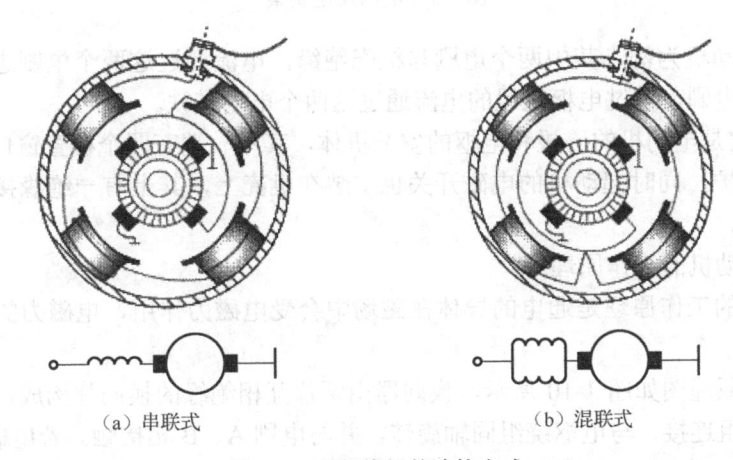

（a）串联式　　　　　　　　（b）混联式

图 1-7　磁场绕组的连接方式

② 电枢。图 1-8 所示为电枢总成，由外圆带槽的硅钢片叠成的铁心和电枢绕组组成。磁场绕组和电枢绕组一般采用矩形断面的裸铜线绕制。

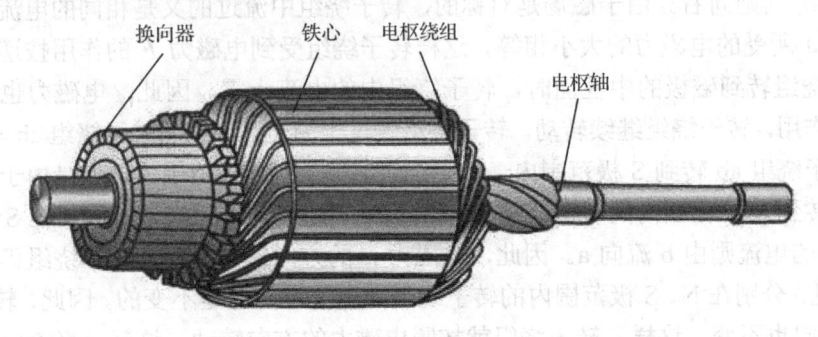

换向器　铁心　电枢绕组

电枢轴

图 1-8　电枢总成

换向器安装在电枢轴上，它由许多换向片组成。换向片嵌装在轴套上，各换向片之间均用云母绝缘。

③ 电刷。电刷和换向器配合使用用来连接磁场绕组和电枢绕组的电路，并使电枢轴上的电磁力矩保持固定方向。电刷安装在端盖上的电刷架中，电刷弹簧使电刷与换向片之间具有适当的压力以保持配合。电刷及电刷架如图 1-9 所示。

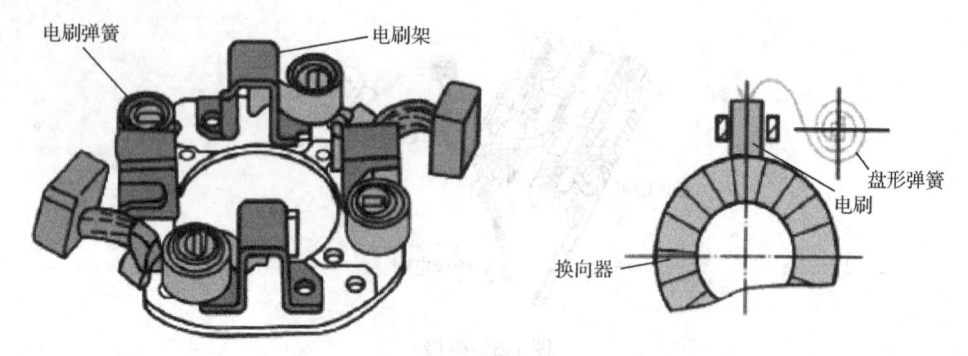

图 1-9 电刷及电刷架

以四磁极电动机为例，其中两个电刷与机壳绝缘，电流通过这两个电刷进入电枢绕组，另外两个为搭铁电刷，通过电枢绕组的电流通过这两个电刷搭铁。

④ 机壳。它是电动机的磁极和电枢的安装机体，其中一端有四个检查窗口，便于进行电刷和换向器的维护，同时起动机的电磁开关也安装在机壳上，其上有一绝缘接线端，是电动机电流的引入线。

（2）直流电动机的工作原理。

直流电动机的工作原理是通电的导体在磁场中会受电磁力作用，电磁力的方向遵循左手定则。

直流电动机原理图如图 1-10 所示。换向器由两片互相绝缘的换向片构成，每一换向片都与相应的电枢绕组连接，与电枢绕组同轴旋转，并与电刷 A、B 相接触。若电刷 A 是正电位，电刷 B 是负电位，则在 N 极范围内的转子绕组 ab 中的电流由 a 流向 b，在 S 极范围内的转子绕组 cd 中的电流由 c 流向 d。转子绕组在磁场中要受到电磁力的作用，根据磁场方向和转子绕组中的电流方向，利用左手定则判断，图 1-10 中转子绕组 ab 的受力方向是向左，而转子绕组 cd 的受力方向则向右。由于磁场是对称的，转子绕组中流过的又是相同的电流，所以转子绕组 ab 和 cd 所受的电磁力的大小相等。这样转子绕组受到电磁力 F 的作用按逆时针方向旋转。当转子绕组转到磁极的中性面时，转子绕组中的电流为零。因此，电磁力也等于零。但由于惯性的作用，转子绕组继续转动。转子绕组转过半圈之后，虽然转子绕组 ab 与 cd 的位置调换了，转子绕组 ab 转到 S 极范围内，转子绕组 cd 转到 N 极范围内，但是由于电刷和换向片的作用，转到 N 极范围内的转子绕组 cd 的电流方向也变了，由 d 流向 c，在 S 极范围内的转子绕组 ab 的电流则由 b 流向 a。因此，电磁力 F 的方向仍然不变，转子绕组仍按逆时针方向转动。可见，分别在 N、S 极范围内的转子绕组的电流方向总是不变的。因此，转子绕组 cd、ab 的受力方向也不变。这样，转子绕组就按照电磁力的方向转动。这就是直流电动机的工作原理。

（3）直流电动机的工作特性。

直流电动机工作时有如下特性：电动机中的电流越大，电动机产生的转矩越大。电动机的转速越高，电枢绕组中产生的反电动势就越大，电流也随之下降。直流串励式电动机的转矩 M、转速 n 和功率 P 随电枢电流变化的规律，称为直流串励式电动机的特性。图 1-11 所示为直流串励式电动机的特性曲线。其中曲线 M、n 和 P 分别代表转矩特性、转速特性和功率特性。

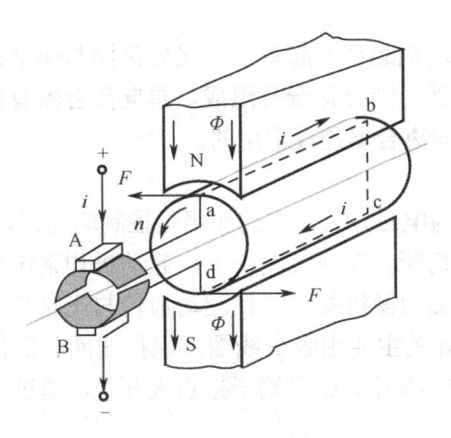

图 1-10 直流电动机原理图

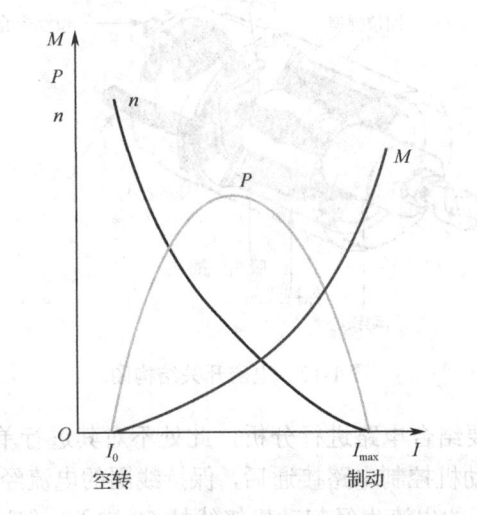

图 1-11 直流串励式电动机的特性曲线

在起动机起动的瞬间，电枢转速为零，电枢电流达到最大值，转矩也相应达到最大值。使发动机的起动变得很容易，这就是汽车起动机采用串励式电动机的主要原因。串励式电动机在输出转矩大时，电枢电流也大，电动机转速随电流的升高而急剧下降；反之，在输出转矩较小时，电动机转速又随电流的降低而很快上升。串励式电动机具有轻载转速高、重载转速低的特性，对保证起动安全可靠是非常有利的，是汽车起动机采用串励式电动机的一个重要原因。

串励式电动机的功率 P 可用下式表示。

$$P = \frac{Mn}{9550}$$

式中，M 为电枢轴上的转矩（N·m）；n 为电枢转速（r/min）。

电动机完全制动时，转速和输出功率为零，转矩达到最大值。空载时电流最小，转速最大，输出功率也为零。当电枢电流接近制动电流的一半时，电动机输出功率最大。

（4）传动机构。

传动机构的作用是先把直流电动机产生的转矩传递给飞轮齿圈，再通过飞轮齿圈将转矩传递给发动机的曲轴，使发动机起动。起动后，飞轮齿圈与驱动齿轮自动打滑脱离。一般由驱动齿轮、单向离合器、拨叉、啮合弹簧等组成。单向离合器有滚柱式、摩擦片式、弹簧式等几种类型。其中滚柱式单向离合器是最常用的。

（5）控制装置。

控制装置在起动机上称为电磁开关，它的作用是控制驱动齿轮与飞轮齿圈的啮合与分离，并控制电动机电路的接通与切断。在现代汽车上，起动机均采用电磁式控制电路，电磁式控制装置是利用电磁开关的电磁力操纵拨叉，使驱动齿轮与飞轮齿圈啮合或分离。电磁开关结构图如图 1-12 所示。电磁开关主要由吸引线圈、保持线圈、回位弹簧、活动铁心、接触片 30 号端子和 C 号端子等组成。其中，C 号端子接点火开关，通过点火开关再接电源；30 号端子直接接电源。

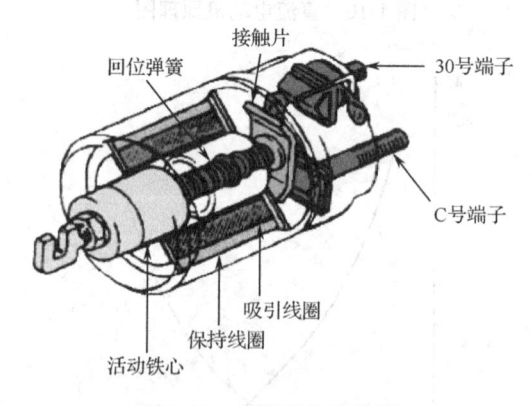

图 1-12 电磁开关结构图

电磁开关的工作过程要结合电路进行分析，此处不对其进行单独分析。起动机控制电路简图如图 1-13 所示。当起动机控制电路接通后，保持线圈的电流经起动机接线柱 50 进入，经线圈后直接搭铁。吸引线圈的电流也经起动机接线柱 50 进入，但通过线圈后未直接搭铁，而是进入电动机的励磁线圈和电枢后再搭铁。两线圈通电后产生较强的电磁力，克服回位弹簧弹力使活动铁心移动，一方面通过拨叉带动驱动齿轮移向飞轮齿圈并与之啮合，另一方面推动接触片移向接线柱 50 和 C 的触点，在驱动齿轮与飞轮齿圈进入啮合后，接触片将两个主触点（30 号端子和 C 号端子）接通，使电动机通电运转。在驱动齿轮进入啮合之前，由于经过吸引线圈的电流经过了电动机，所以电动机在这个电流的作用下会缓慢旋转，以便于驱动齿轮与飞轮齿圈进入啮合。在两个主触点接通之后，蓄电池的电流直接通过主触点和接触片进入电动机，使电动机进入正常运转。此时通过吸引线圈的电路被短路，因此，吸引线圈中无电流通过，主触点接通的位置靠保持线圈来维持。发动机起动后，切断起动机控制电路，保持线圈断电，在回位弹簧的作用下，活动铁心回位，切断了电动机的电路，同时也使驱动齿轮与飞轮齿圈脱离啮合。

当点火开关闭合时，保持线圈（50-地）和吸引线圈（50-C）通电。吸引线圈的电阻很小，通过它的电流很大。这个线圈是与电动机电路串联的，在电流的作用下，电动机会缓慢旋转，以方便小齿轮和飞轮齿圈啮合。与此同时，在线圈中产生的磁场吸引铁心将小齿轮推入并与飞轮齿圈啮合。此时 C 号端子被短路片短接，即短路开关闭合，起动机的主电路接通。电枢绕组由蓄电池提供大的起动电流并产生了强大的起动转矩。同时，吸引线圈（50-C）由于两端电压相同而被短路。保持线圈（50-地）持续地将铁心吸附在指定的位置。直到点火开关断开时，保持线圈（50-地）和吸引线圈（50-C）由 C 号端子供电，此时吸引线圈（50-C）产生的磁场的方向与刚起动时相反，且与保持线圈（50-地）的磁场方向相反，两个磁场作用后的力使铁心回位，30 与 C 号端子断开。直流电动机的电路被切断而减速停止。

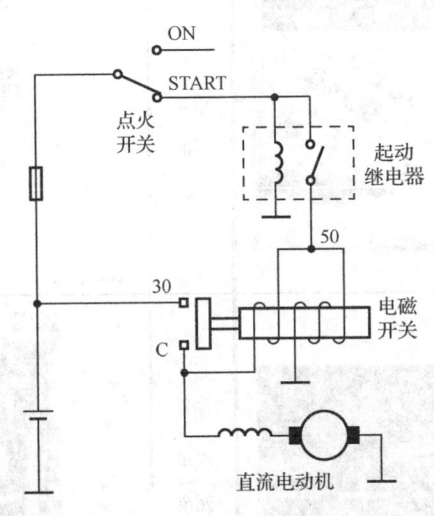

图 1-13 起动机控制电路简图

电磁开关的检验步骤。

先断开 C 号端子与电动机的连线（避免电动机通电后转动），并给 C 号端子接上一根导线作接地用。然后按以下步骤检查。

① 将接线柱 50 接电源、C 号端子接地，衔铁应有吸拉动作。
② 将接线柱 50 接电源、C 号端子与地断开，衔铁应能保持吸拉位置。
③ 将接线柱 50 与电源断开，衔铁应能恢复原始位置。

2. 相关技能

（1）万用表、试灯、维修工具等常见设备的使用。
（2）维修资料的查阅，起动机电路图的识读与分析。
（3）7S 操作。

三、任务实施

1. 作业准备

完成本工作任务需要准备起动充电台架、连接导线、万用表、电路图、汽车充电电源。起动机电路检修作业准备内容如表 1-1 所示。

表1-1　起动机电路检修作业准备内容

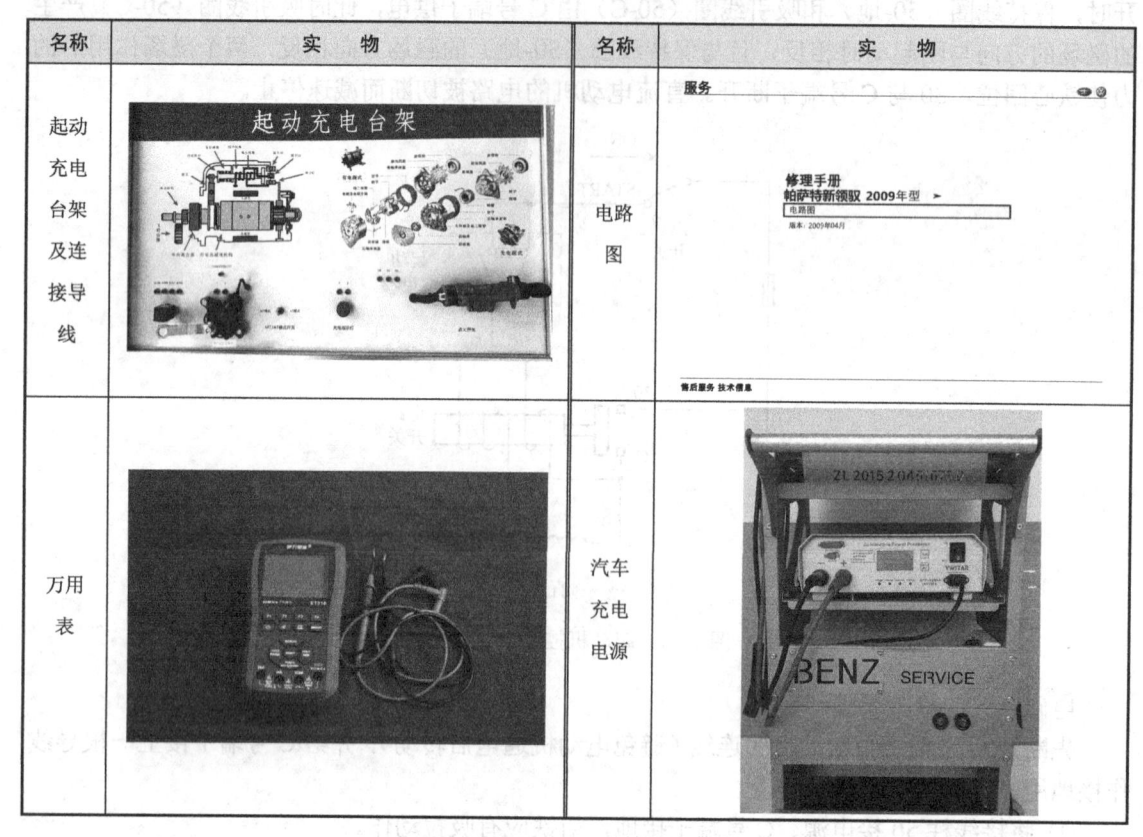

名称	实物	名称	实物
起动充电台架及连接导线		电路图	
万用表		汽车充电电源	

2. 作业过程（电路连接的过程）

起动机电路检修作业过程如表1-2所示。

表1-2　起动机电路检修作业过程

作业步骤与要点	实图
第一步：确定电路所需连接元件 要点： 检查点火开关、起动继电器、P/N开关、充电指示灯、蓄电池等元件及起动机的性能与规格	

续表

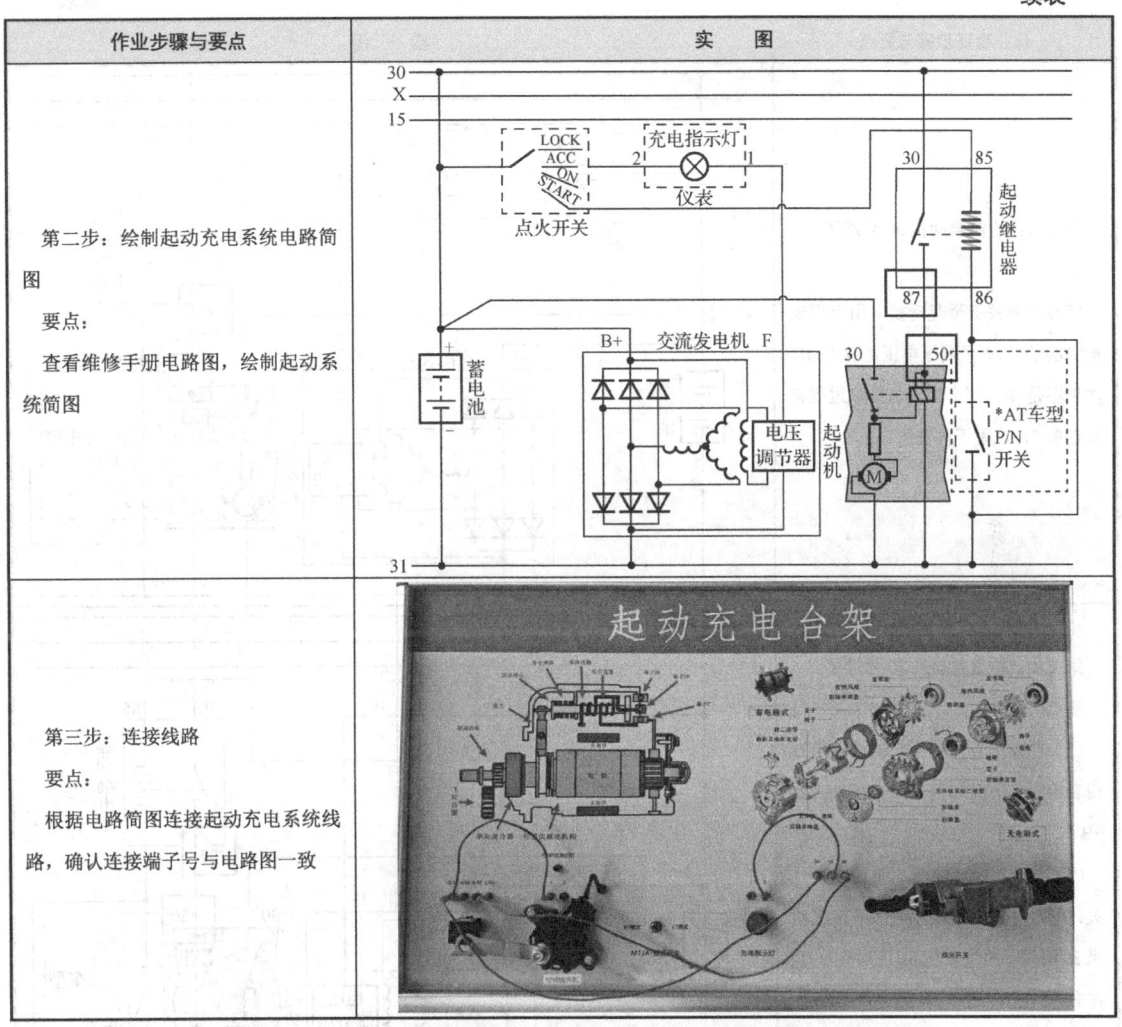

作业步骤与要点	实 图
第二步：绘制起动充电系统电路简图 要点： 查看维修手册电路图，绘制起动系统简图	（电路图：点火开关、充电指示灯、仪表、起动继电器、蓄电池、交流发电机、电压调节器、起动机、*AT车型P/N开关）
第三步：连接线路 要点： 根据电路简图连接起动充电系统线路，确认连接端子号与电路图一致	（起动充电台架实图）

3. 作业验证（连接电路的功能是否能够实现，并排除相应故障）

起动机电路检修作业验证如表 1-3 所示。

表1-3 起动机电路检修作业验证

作业验证步骤与要点	实 图
第一步：检测蓄电池电压 要点： 使用万用表直流电压挡DC，红表笔接蓄电池"+"，黑表笔接蓄电池"-"，电压不低于12V，否则需要连接汽车起动电源	（检测实图）

续表

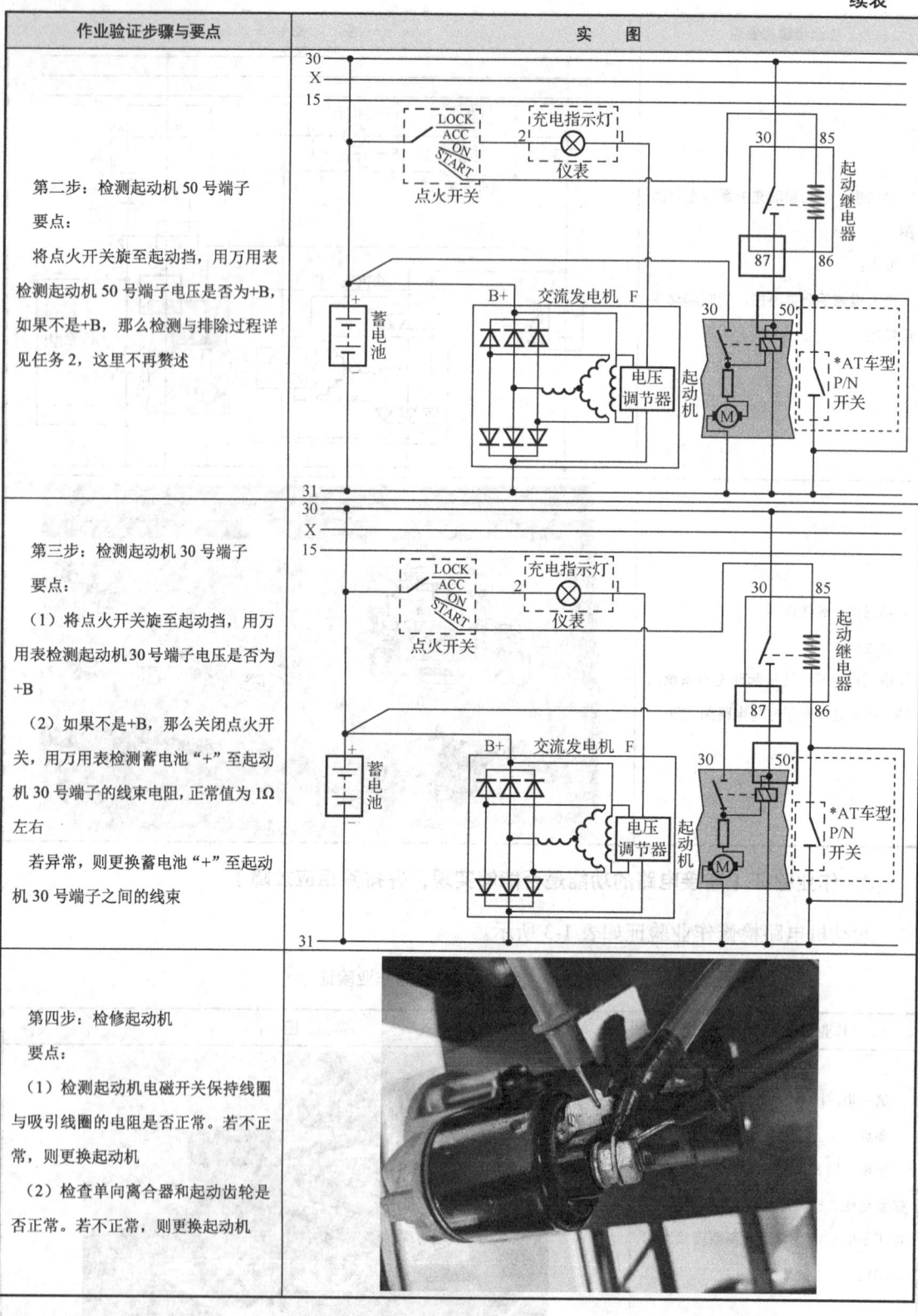

作业验证步骤与要点	实 图
第二步：检测起动机 50 号端子 要点： 将点火开关旋至起动挡，用万用表检测起动机 50 号端子电压是否为+B，如果不是+B，那么检测与排除过程详见任务 2，这里不再赘述	
第三步：检测起动机 30 号端子 要点： （1）将点火开关旋至起动挡，用万用表检测起动机 30 号端子电压是否为+B （2）如果不是+B，那么关闭点火开关，用万用表检测蓄电池"+"至起动机 30 号端子的线束电阻，正常值为1Ω左右 若异常，则更换蓄电池"+"至起动机 30 号端子之间的线束	
第四步：检修起动机 要点： （1）检测起动机电磁开关保持线圈与吸引线圈的电阻是否正常。若不正常，则更换起动机 （2）检查单向离合器和起动齿轮是否正常。若不正常，则更换起动机	

续表

作业验证步骤与要点	实　图
第五步：更换起动机 要点： 按标准扭矩拧紧起动机紧固螺栓	

四、任务训练

按照任务要求在汽车电器台架上连接起动机线路，并确保起动机能正常运转。

五、复习与思考

（一）选择题

1. 起动机连接线束端子号有（　　）。
   A．50　　　　　　B．30　　　　　　C．C　　　　　　D．X
2. 常规起动机一般由（　　）三部分组成。
   A．直流电动机　　　　　　　　　　B．传动机构
   C．控制装置（电磁开关）　　　　　D．点火开关
3. 直流电动机由（　　）组成。
   A．磁极　　　　　B．电枢　　　　　C．换向器　　　　D．机壳

（二）判断题

（　　）1．直流串励式电动机的串励是指电枢绕组与磁场绕组串联。

（　　）2．汽车上的基本电路是由电源、熔断器、开关、用电器和导线组成的。

（　　）3．直流电动机的工作原理是通电的导体在磁场中会受电磁力作用，电磁力的方向遵循右手定则。

（　　）4．电动机中的电流越大，电动机产生的转矩越小。电动机的转速越低，电枢绕组中产生的反电动势就越大，电流也随之下降。

任务2

起动控制电路检修

培训目标：

1. 能进行工位7S操作。
2. 能正确连接起动控制电路，验证起动机的功能并排除简单故障。
3. 掌握起动控制电路的组成与工作原理。

一、任务描述

根据汽车电路检修专项考核要求，需要完成起动控制电路图的绘制。在汽车电器台架上用连接导线连接起动控制线路，验证起动机的功能并排除简单故障。

二、任务分析

要想完成起动控制电路检修的任务内容，需要具备以下知识与技能。

1. 相关知识

（1）继电器是一种以小电流控制大电流的电气开关，可使用比直接操作耗电元件更小的导线和开关触点来操作继电器。现代汽车上常用的继电器有四脚、五脚两种。根据继电器控制电流的大小可分为：迷你型电源继电器（最大70A）、标准迷你型继电器（最大40A）、微型继电器（最大20A）。继电器类型如图2-1所示。

(a) 迷你型　　　　(b) 标准迷你型　　　　(c) 微型

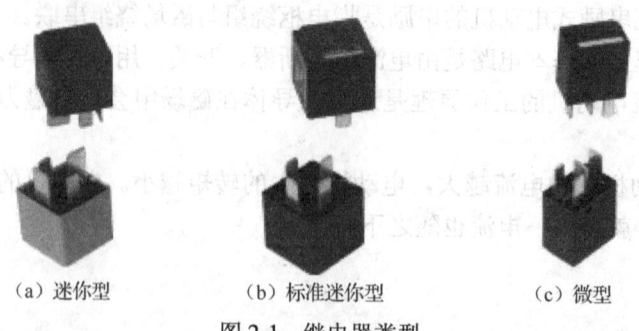

图2-1　继电器类型

继电器的作用本质是用一个回路（一般是小电流）去控制另外一个回路（一般是大电流）的通断，而且这个控制过程中，两个回路一般是隔离的。它的基本原理是利用电磁效应来控制机械触点达到通断目的：给带有铁心线圈通电；线圈电流产生磁场；磁场吸附衔铁，以此通断触点。

整个过程是"小电流—磁场—机械—大电流"。当继电器线圈通电时，磁场吸引活动触点 B，从而使固定触点 A 和活动触点 B 闭合，接通耗电元件的大电流电路。继电器结构原理如图 2-2 所示。

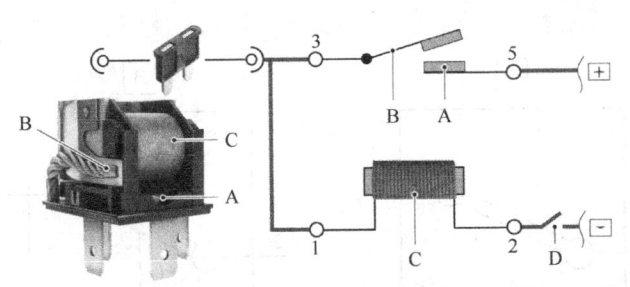

1、2、3、5—继电器引脚编号；A—固定触点；B—活动触点；C—线圈；D—控制开关。

图 2-2　继电器结构原理

继电器断开时，会导致继电器线圈产生反向电动势，这个反向电动势的电压峰值可能会损坏敏感电子设备，所以在继电器中设计一个二极管或高值电阻器以吸收此电压。继电器线圈保护类型如图 2-3 所示。

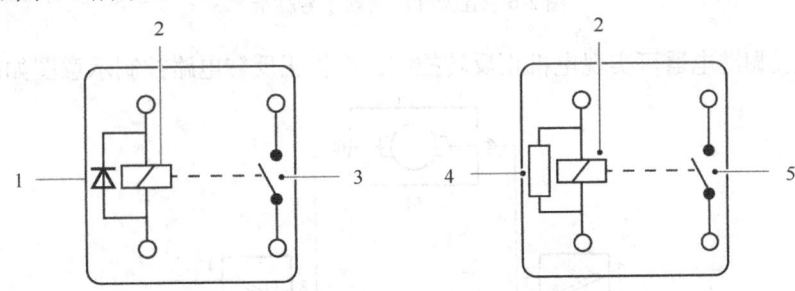

1—二极管；2—线圈；3、5—触点；4—电阻器。

图 2-3　继电器线圈保护类型

【注意】不同设计的继电器之间不可相互替换，这一点至关重要，否则可能会导致控制模块故障。

继电器在尺寸、引脚位置和引脚编号方面已实现标准化。国际标准化组织（ISO）端子号标准如图 2-4 所示。德国标准化协会（DIN）端子号标准如图 2-5 所示。

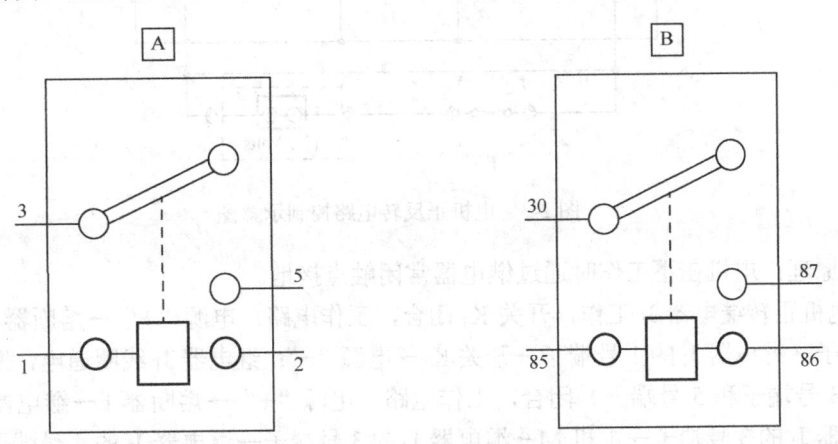

图 2-4　国际标准化组织（ISO）端子号标准　　图 2-5　德国标准化协会（DIN）端子号标准

汽车电路检修

五脚继电器控制与四脚继电器类似，只是增加了附加的开关触点。五脚继电器开关在继电器通电时与一个触点相连，在继电器断电时与另一个触点相连。五脚继电器端子号标准如图 2-6 所示。

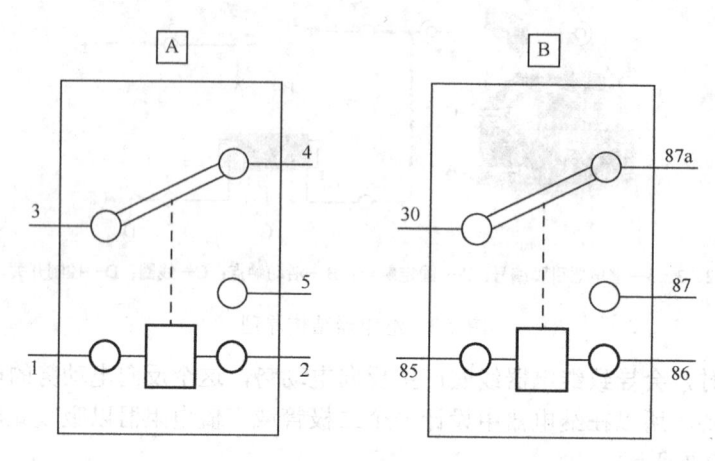

图 2-6　五脚继电器端子号标准

通过两个五脚继电器可实现电机正反转控制。电机正反转电路控制示意图如图 2-7 所示。

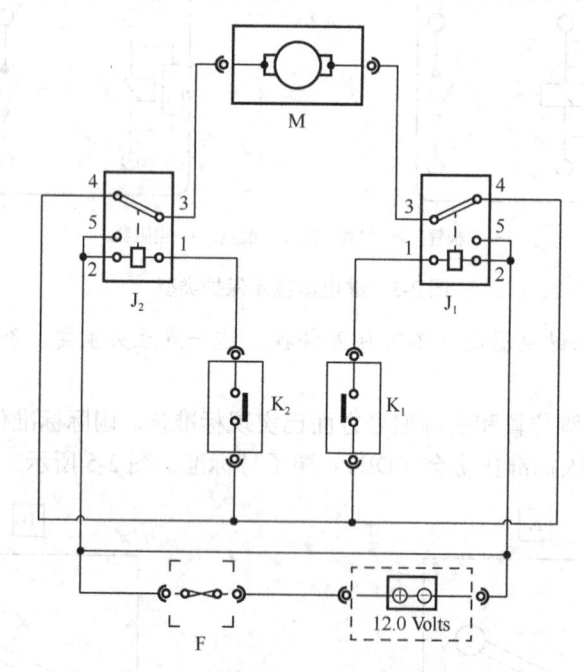

图 2-7　电机正反转电路控制示意图

工作原理：电机在不工作时通过继电器常闭触点接地。

① 电机正转继电器 J_1 工作，开关 K_1 闭合，工作电路：电源"+"→熔断器 F→继电器 J_1 的 2 号端子→继电器 J_1 的 1 号端子→开关 K_1→电源"-"；继电器 J_1 线圈通电，继电器 J_1 的常开触点（3 号端子和 5 号端子）闭合，工作电路：电源"+"→熔断器 F→继电器 J_1 的 5 号端子→继电器 J_1 的 3 号端子→电机 M→继电器 J_2 的 3 号端子→继电器 J_2 的 4 号端子→电源"-"，

电机正向转动。

② 电机正转继电器 J₂ 工作，开关 K₂ 闭合，工作电路：电源"+"→熔断器 F→继电器 J₂ 的 2 号端子→继电器 J₂ 的 1 号端子→开关 K₂→电源"-"；继电器 J₂ 线圈通电，继电器 J₂ 的常开触点（3 号端子和 5 号端子）闭合，工作电路：电源"+"→熔断器 F→继电器 J₂ 的 5 号端子→继电器 J₂ 的 3 号端子→电机 M→继电器 J₁ 的 3 号端子→继电器 J₁ 的 4 号端子→电源"-"，电机反向转动。

（2）传统自动挡车型起动机控制电路图。

以 2009 款大众帕萨特自动挡起动机控制为例讲解。点火开关旋至 START 挡，工作电路：蓄电池"+"→30 线束→起动继电器 85 号端子→起动继电器 86 号端子→P/N 开关→搭铁→蓄电池"-"；起动继电器线圈通电，起动继电器的常开触点闭合，工作电路：蓄电池"+"→30 线束→起动继电器 30 号端子→起动继电器 87 号端子→起动机 50 号端子→起动机电磁线圈→搭铁→蓄电池"-"，起动机电磁开关闭合，起动机工作。2009 款大众帕萨特自动挡起动机控制电路原理图如图 2-8 所示。

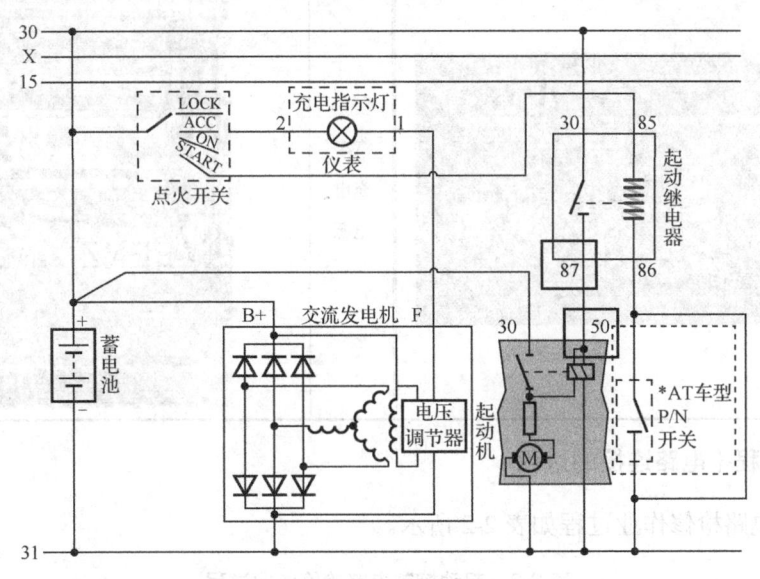

图 2-8 2009 款大众帕萨特自动挡起动机控制电路原理图

2. 相关技能

（1）万用表、试灯、维修工具等常见设备的使用。

（2）维修资料的查阅，起动控制电路图的识读与分析。

（3）7S 操作。

三、任务实施

1. 作业准备

完成本工作任务需要准备起动充电台架、连接导线、万用表、电路图、汽车充电电源。

起动控制电路检修作业准备内容如表 2-1 所示。

表 2-1　起动控制电路检修作业准备内容

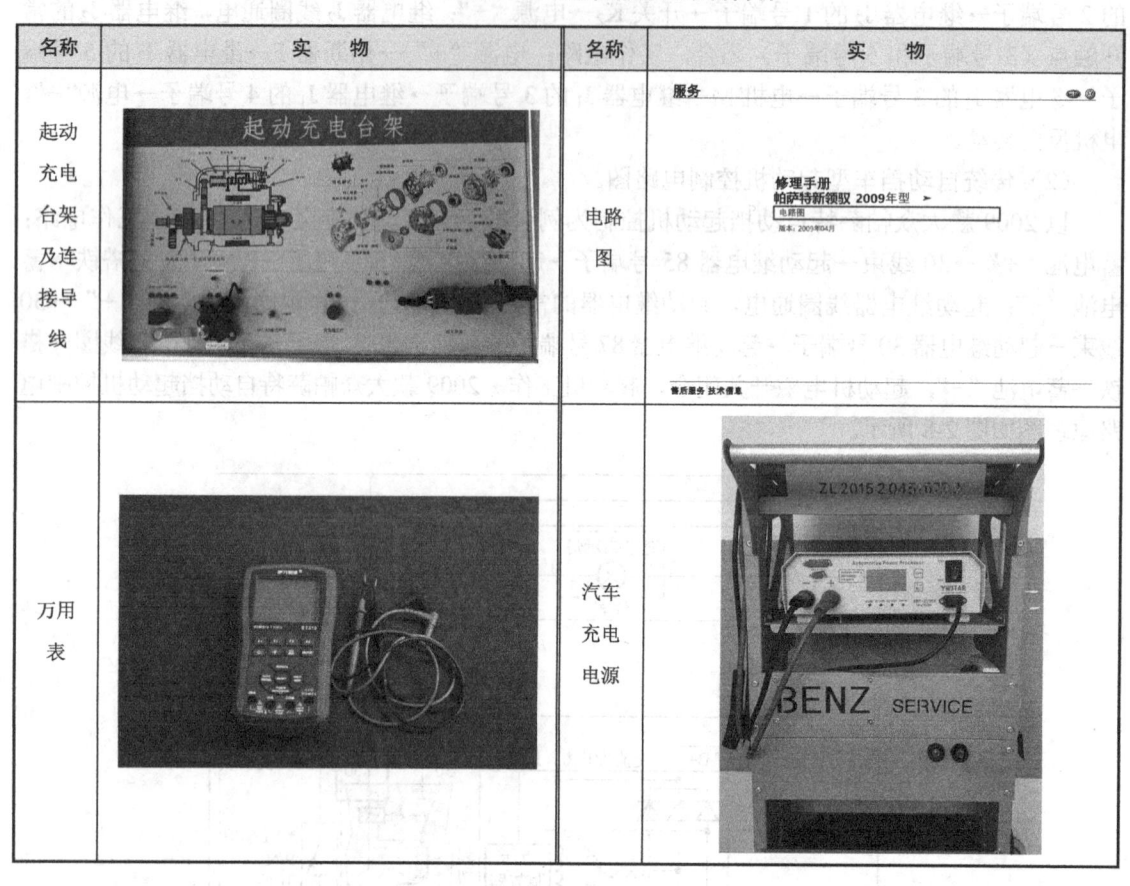

名称	实物	名称	实物
起动充电台架及连接导线		电路图	
万用表		汽车充电电源	

2. 作业过程（电路连接的过程）

起动控制电路检修作业过程如表 2-2 所示。

表 2-2　起动控制电路检修作业过程

作业步骤与要点	实　图
第一步：确定电路所需连接元件 要点： 检查点火开关、起动继电器、P/N 开关、充电指示灯、蓄电池等元件及起动机的性能与规格	

续表

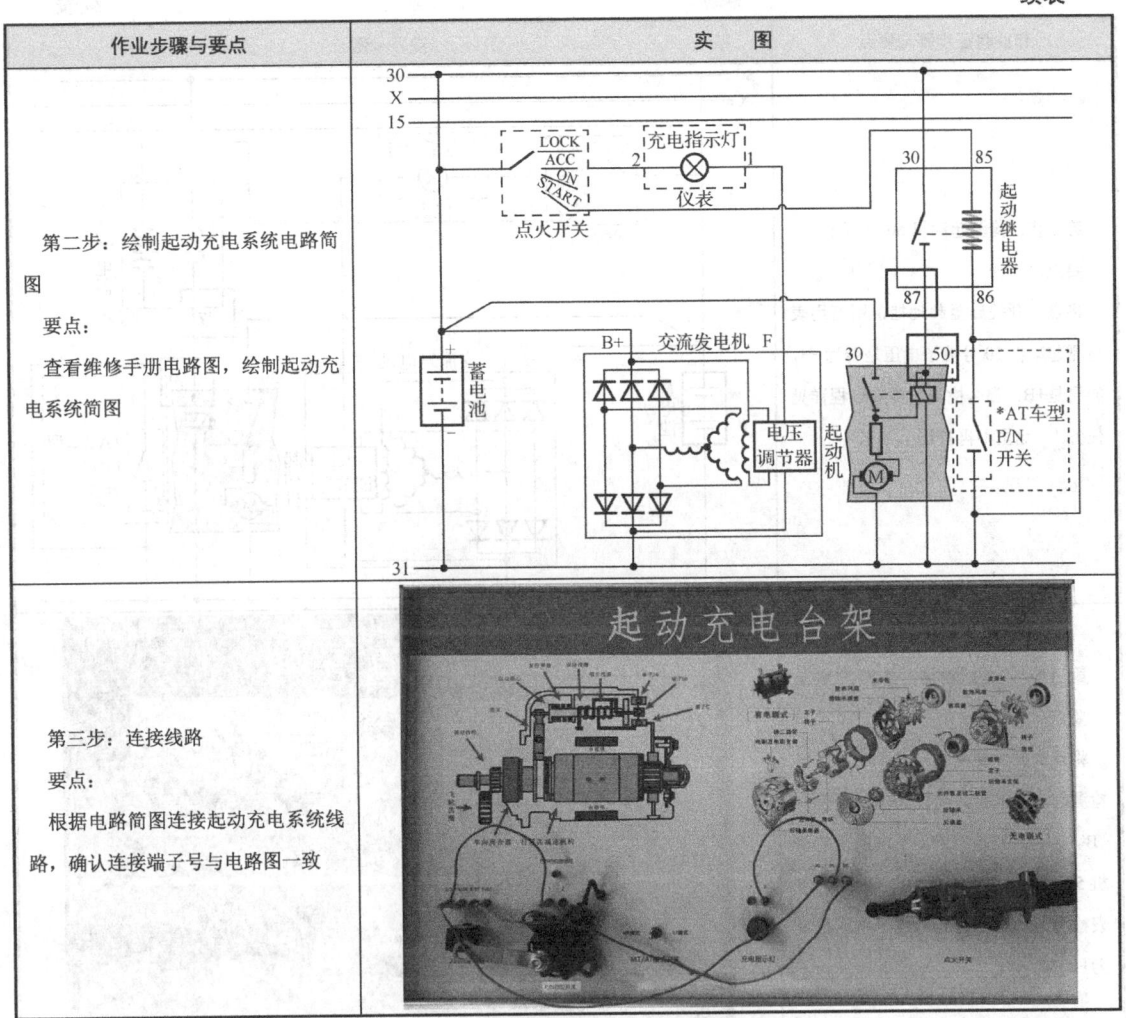

作业步骤与要点	实　图
第二步：绘制起动充电系统电路简图 要点： 查看维修手册电路图，绘制起动充电系统简图	
第三步：连接线路 要点： 根据电路简图连接起动充电系统线路，确认连接端子号与电路图一致	

3. 作业验证（连接电路的功能是否能够实现，并排除相应故障）

起动控制电路检修作业验证如表2-3所示。

表2-3　起动控制电路检修作业验证

作业验证步骤与要点	实　图
第一步：检测蓄电池电压 要点： 使用万用表直流电压挡DC，红表笔接蓄电池"+"，黑表笔接蓄电池"-"，电压不低于12V，否则需要连接汽车充电电源	

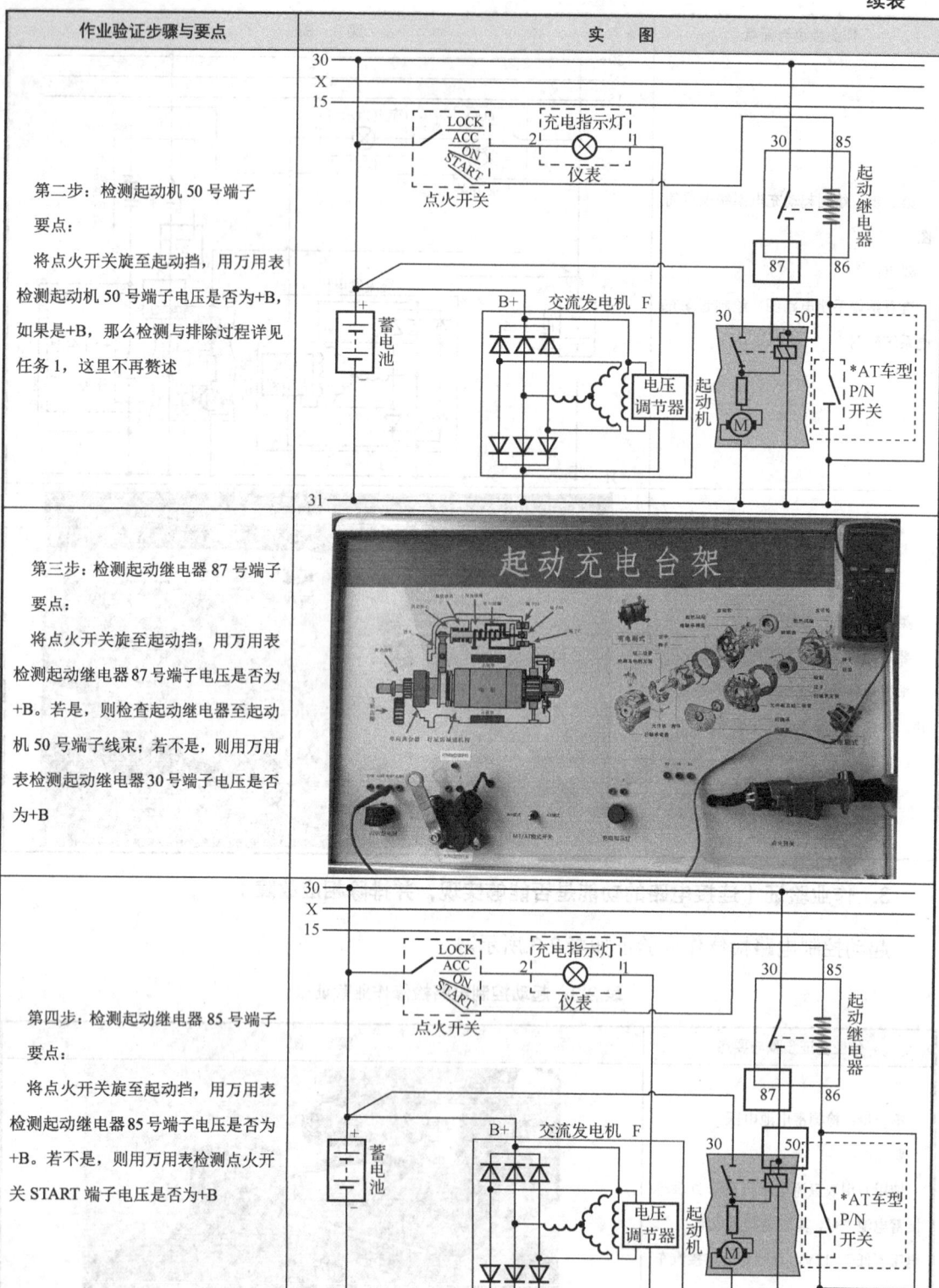

续表

作业验证步骤与要点	实 图
第二步：检测起动机50号端子 要点： 将点火开关旋至起动挡，用万用表检测起动机50号端子电压是否为+B，如果是+B，那么检测与排除过程详见任务1，这里不再赘述	（起动充电电路图）
第三步：检测起动继电器87号端子 要点： 将点火开关旋至起动挡，用万用表检测起动继电器87号端子电压是否为+B。若是，则检查起动继电器至起动机50号端子线束；若不是，则用万用表检测起动继电器30号端子电压是否为+B	起动充电台架
第四步：检测起动继电器85号端子 要点： 将点火开关旋至起动挡，用万用表检测起动继电器85号端子电压是否为+B。若不是，则用万用表检测点火开关START端子电压是否为+B	（起动充电电路图）

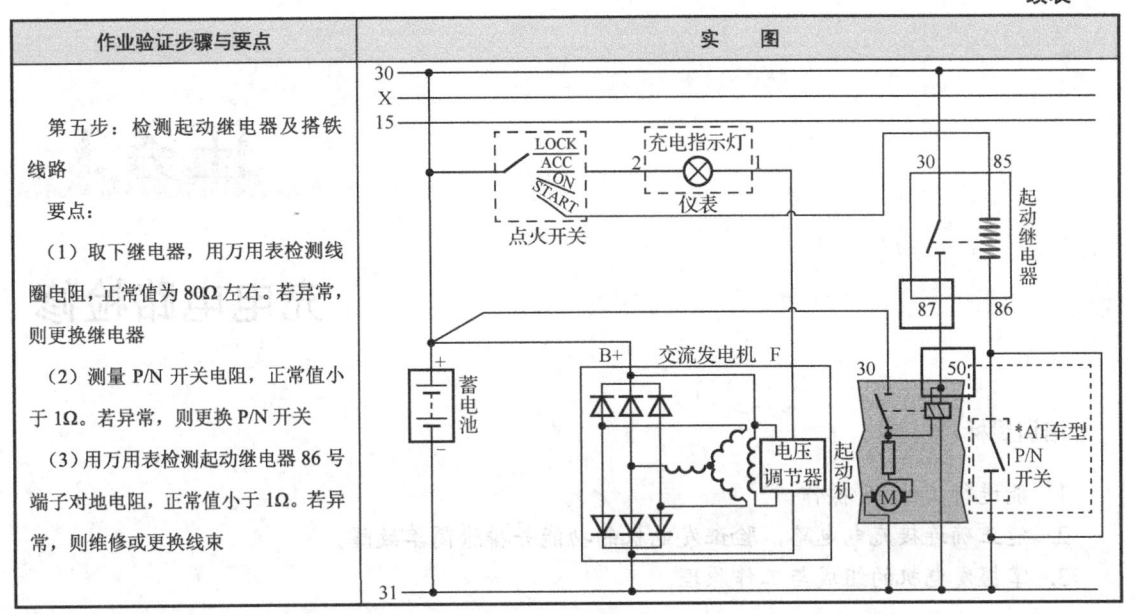

作业验证步骤与要点	实图
第五步：检测起动继电器及搭铁线路 要点： （1）取下继电器，用万用表检测线圈电阻，正常值为80Ω左右。若异常，则更换继电器 （2）测量P/N开关电阻，正常值小于1Ω。若异常，则更换P/N开关 （3）用万用表检测起动继电器86号端子对地电阻，正常值小于1Ω。若异常，则维修或更换线束	

四、任务训练

按照任务要求在汽车电器台架上连接起动控制线路，并确保起动机能正常运转。

五、复习与思考

（一）选择题

1. 起动继电器端子号有（　　）。
A. 85　　　　　　B. 86　　　　　　C. 30　　　　　　D. 87
2. 实现直流电机正反转至少需要（　　）个五脚继电器。
A. 1　　　　　　B. 2　　　　　　C. 3　　　　　　D. 4
3. 自动汽车在（　　）挡位时，起动机才能工作。
A. P　　　　　　B. R　　　　　　C. N　　　　　　D. D

（二）判断题

（　　）1. 检测继电器线圈电阻，一般为80Ω左右。

（　　）2. 继电器的尺寸、引脚位置和引脚编号已实现标准化，主要有国际标准化组织（ISO）端子号和德国标准化协会（DIN）端子号两种规格。

（　　）3. 国际标准化组织（ISO）端子号规定四脚继电器的端子号为30、87、85、86。

（　　）4. 微型继电器的最大电流是20A，迷你型电源继电器的最大电流为50A。

任务 3

充电电路检修

培训目标：

1. 能进行工位 7S 操作。
2. 能正确连接充电电路，验证发电机的功能并排除简单故障。
3. 掌握发电机的组成与工作原理。

一、任务描述

根据汽车电路检修专项考核要求，需要完成充电电路图的绘制。在汽车电器台架上用连接导线连接充电线路，验证发电机的功能并排除简单故障。

二、任务分析

要想完成充电电路检修的任务内容，需要具备以下知识与技能。

1. 相关知识

蓄电池与发电机是汽车上的两大电源，它们一起向用电设备供电。发电机是主要电源，它正常工作时与调节器互相配合工作，向除起动系统以外的用电设备供电，并向蓄电池充电。

充电系统主要由蓄电池、点火开关、发电机、调节器和充电指示灯等组成。

1）交流发电机的组成

目前汽车上采用的是三相交流发电机，三相交流发电机主要由转子，定子，电刷与电刷架，前、后端盖，皮带轮，风扇，电压调节器、整流器等组成。交流发电机的结构如图 3-1 所示。

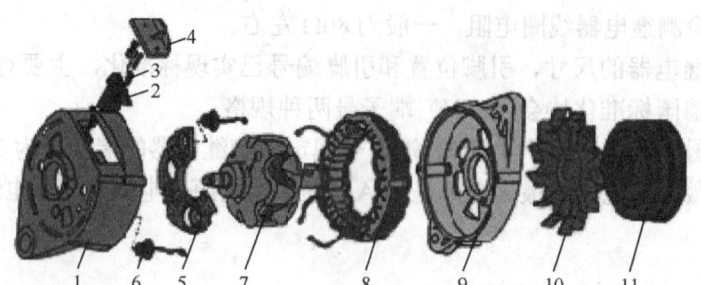

1—后端盖；2、3、4—电刷及电刷架；5—整流器；6—二极管；7—转子；8—定子总成；9—前端盖；10—风扇；11—皮带轮。

图 3-1 交流发电机的结构

（1）转子。转子的作用是产生磁场。转子主要由两块爪极、磁场绕组、转子轴和集电环（也称滑环）等组成，如图3-2所示。

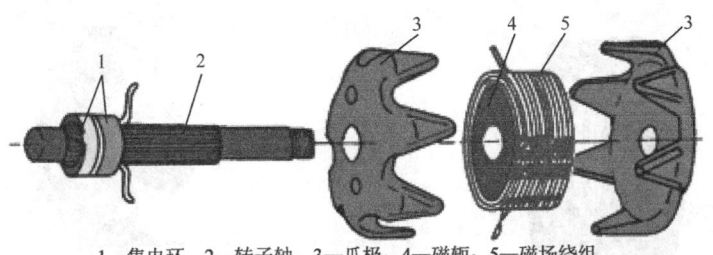

1—集电环；2—转子轴；3—爪极；4—磁轭；5—磁场绕组。

图3-2 转子

转子轴上压装有两块爪极，每块爪极上有六个鸟嘴形磁极。在两块爪极的空腔内装有导磁的铁心（称为磁轭），铁心上绕有磁场绕组（又称励磁绕组或转子线圈）。磁场绕组的两引出线分别焊在与转子轴绝缘的两个集电环上，集电环与装在后端盖上的两个电刷接触。当两个电刷接有直流电源时，磁场绕组中便有磁场电流通过，产生轴向磁通，使得一块爪极被磁化为N极，另一块爪极被磁化为S极，从而形成了相互交错的磁极。

（2）定子。定子又称电枢，其作用是产生交流电动势。定子由定子铁心和定子绕组组成。定子结构如图3-3（a）所示。三相定子绕组对称地安放在定子铁心槽内。三相定子绕组的连接方式有星形（Y形）、三角形（△形）两种，如图3-3（b）所示。汽车交流发电机大多采用Y形连接。

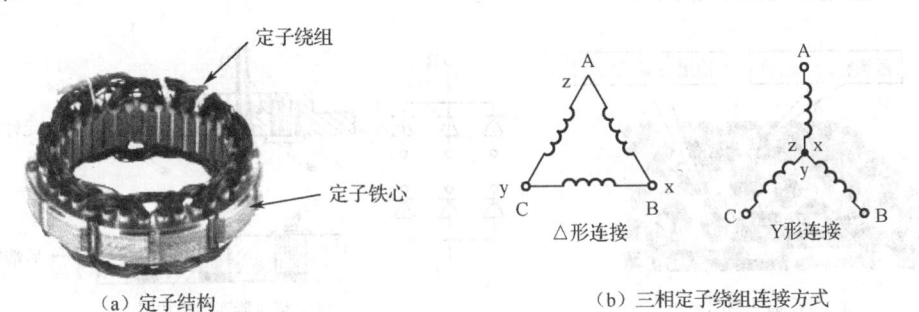

（a）定子结构　　　　（b）三相定子绕组连接方式

图3-3 定子

（3）前、后端盖。交流发电机前、后端盖实物图如图3-4所示，均由非导磁材料的铝合金制成，漏磁少，并具有轻便、散热性能好等优点。汽车发电机的前、后端盖上一般设有通风口，以便发电机内部散热。另外，后端盖内装有电刷架和电刷。

（4）皮带轮。皮带轮实物图如图3-5所示。皮带轮通常由铸铁或铝合金制成，安装在交流发电机的前端。发动机通过皮带轮驱动旋转。

（5）风扇。风扇实物图如图3-6所示。风扇一般由钢板冲制或用铝合金压铸而成，其作用是在发电机工作

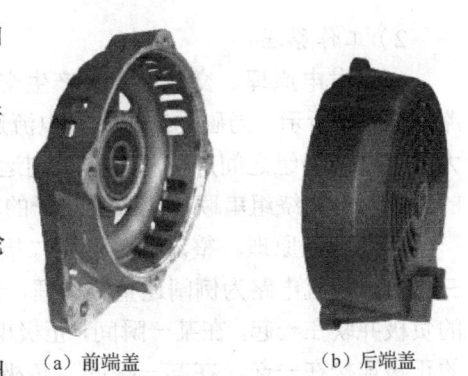

（a）前端盖　　（b）后端盖

图3-4 交流发电机前、后端盖实物图

时，强制通风，对发电机进行冷却。目前新型的发电机将外装单风叶改装为两个风叶并分别固定在发电机转子的爪极两侧，增强了冷却效果。

图 3-5　皮带轮实物图　　　　　　　图 3-6　风扇实物图

（6）整流器。整流器的作用是将发电机定子绕组产生的三相交流电变换为直流电。一般由六个硅整流二极管接成三相桥式全波整流电路。整流器实物图如图 3-7（a）所示。

交流发电机整流二极管有正极管和负极管之分。外壳为负极、中心引线为正极的二极管，称为正极管，外壳底上注有红色标记。三个正极管的外壳压装或焊接在元件板上，由一个与后端盖绝缘的元件板固定螺栓通至机壳外，成为发电机的电枢接线柱"B"或"+"极。外壳为正极、中心引线为负极的二极管，称为负极管，外壳底上注有黑色标记。三个负极管的外壳压装或焊接在另一元件板上（有些压装在后端盖的三个孔内），和发电机机壳一起成为发电机的负极。整流器连接示意图如 3-7（b）所示。

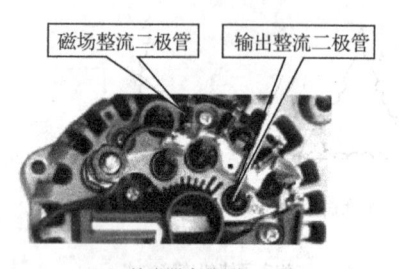

（a）整流器实物图　　　　　　（b）整流器连接示意图

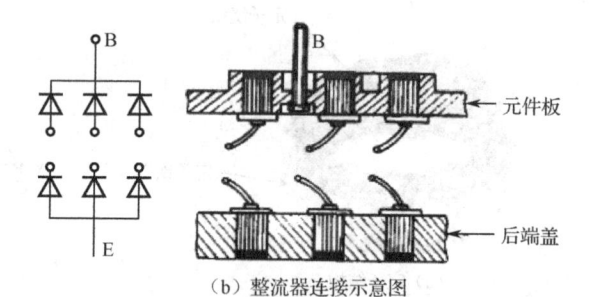

图 3-7　整流器

2）工作原理

（1）发电原理。交流发电机产生交流电的基本原理是电磁感应。交流发电机工作原理电路如图 3-8 所示。当磁场绕组中有电流通过时，便产生磁场，而当产生磁场的转子旋转时，磁力线和定子绕组之间产生相对的切割运动，在定子绕组内便会产生感应电动势。感应电动势的大小与每相绕组串联的匝数及转子的转速有关，即匝数越多，转速越高，感应电动势越大。

（2）整流原理。整流器是利用二极管的单向导电性，将交流电转换为直流电的。以六管三相桥式整流电路为例阐述整流原理，如图 3-9 所示。其中三个正极管（VD_1、VD_3、VD_5）的负极并联在一起，在某一瞬间，正极电位最高的管子导通。而三个负极管（VD_2、VD_4、VD_6）的正极连接在一起，在某一瞬间，负极电位最低的管子导通。所以每个时刻有两个二极管同时导通，同时导通的两个管子总是将发电机的电压加载在负载的两端。

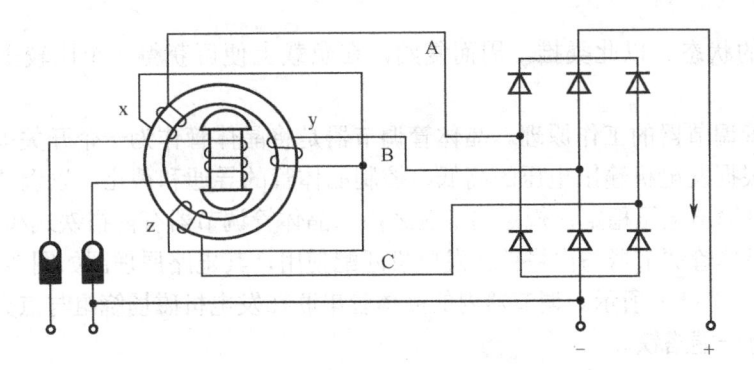

图 3-8 交流发电机工作原理电路

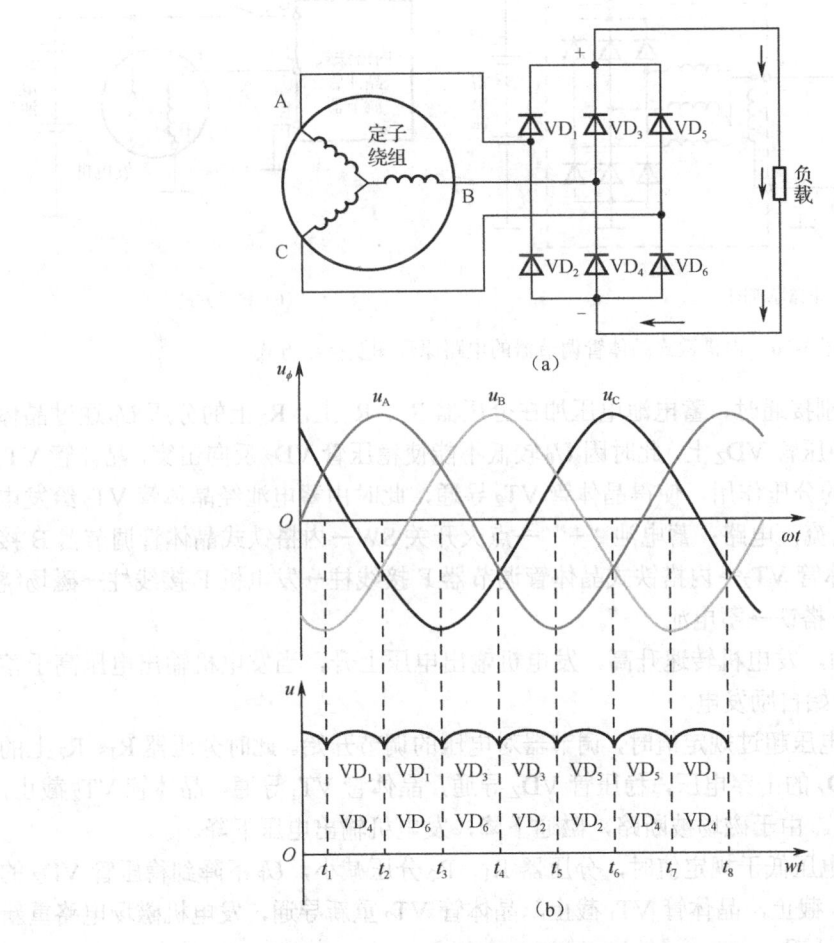

图 3-9 整流原理

在时间段 $0\sim t_1$ 内，由于 C 相电位最高，而 B 相电位最低，故所对应的二极管 VD_5、VD_4 均处于正向导通的状态。

在时间段 $t_1\sim t_2$ 内，由于 A 相的电位最高，而 B 相电位最低，故所对应的二极管 VD_1、VD_4 处于正向导通的状态。

在时间段 $t_2\sim t_3$ 内，由于 A 相电位最高，而 C 相电位最低，故所对应的二极管 VD_1、VD_6

处于正向导通的状态。以此类推，周而复始，在负载上便可获得一个比较平稳的直流脉动电压。

（3）晶体管调节器的工作原理。晶体管调节器是将晶体管作为一个开关串联在发电机的磁场电路中。根据发电机输出电压的高低，控制晶体管的导通和截止，以调节发电机的励磁电流，使发电机输出电压稳定在规定的范围之内。晶体管调节器有内搭铁式和外搭铁式两种。

内搭铁式晶体管调节器与内搭铁式发电机匹配使用，其电路原理图如图3-10（a）所示，接线方式如图3-10（b）所示。调节器内的晶体管串联在发电机磁场绕组与点火开关之间，发电机磁场绕组有一端搭铁。

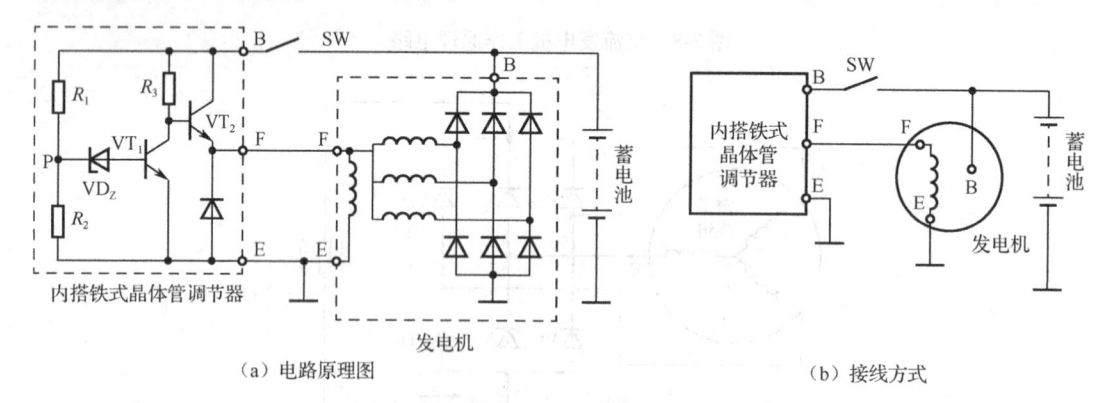

（a）电路原理图　　　　　　　　　　　　（b）接线方式

图3-10　内搭铁式晶体管调节器的电路原理图及接线方式

① 点火开关SW刚接通时，蓄电池电压加在分压器R_1、R_2上，R_2上的分压U_P通过晶体管VT_1的发射极加到稳压管VD_Z上，此时因U_P较低不能使稳压管VD_Z反向击穿，晶体管VT_1截止。由于分压器R_3的分压作用，使得晶体管VT_2导通，此时由蓄电池经晶体管VT_2给发电机磁场绕组提供励磁电流，电路：蓄电池"+"→点火开关SW→内搭铁式晶体管调节器B接线柱→分压器R_3→晶体管VT_2→内搭铁式晶体管调节器F接线柱→发电机F接线柱→磁场绕组→发电机E接线柱→搭铁→蓄电池"−"。

随着发电机的起动，发电机转速升高，发电机输出电压上升，当发电机输出电压高于蓄电池电压时，发电机开始自励发电。

② 当发电机输出电压超过规定值时，调节器对电压的调节开始。此时分压器R_1、R_2上的分压U_P达到稳压管VD_Z的击穿电压，稳压管VD_Z导通，晶体管VT_1导通，晶体管VT_2截止，发电机磁场电路被切断。由于磁场被断路，磁通下降，发电机输出电压下降。

③ 当发电机输出电压低于规定值时，分压器R_1、R_2分压减小，U_P下降到稳压管VD_Z的截止电压，稳压管VD_Z截止，晶体管VT_1截止，晶体管VT_2重新导通，发电机磁场电路重新接通，发电机输出电压上升。

重复②③步，如此周而复始，发电机输出电压被控制在一定范围内。

外搭铁式晶体管调节器与外搭铁的交流发电机配套使用，其电路原理图与接线方式如图3-11所示。调节器内的晶体管串联在发电机磁场绕组与搭铁之间，发电机磁场绕组无搭铁端，调节器控制磁场绕组搭铁。

外搭铁式晶体管调节器电路工作原理与内搭铁式晶体管调节器类似。

(a) 电路原理图　　　　　　　　　　　　　　　　(b) 接线方式

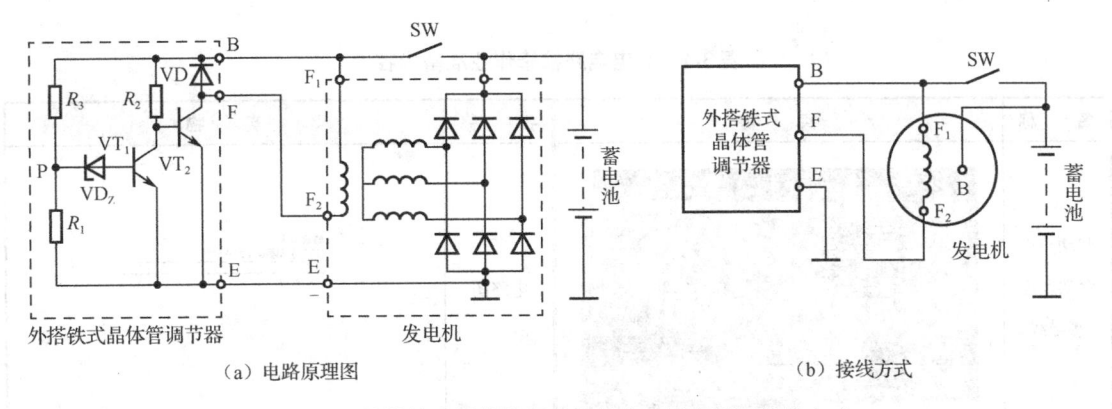

图 3-11　外搭铁式晶体管调节器的电路原理图及接线方式

（4）集成电路调节器的工作原理。集成电路调节器也称 IC 调节器，其工作原理与晶体管调节器相同。由于集成电路调节器具有体积小、质量轻、性能可靠、使用寿命长等优点，因此现代汽车大多采用集成电路调节器。

集成电路调节器安装在发电机上，根据电压监测点的不同，可分为发电机电压检测法（见图 3-12）和蓄电池电压检测法（见图 3-13）两种。

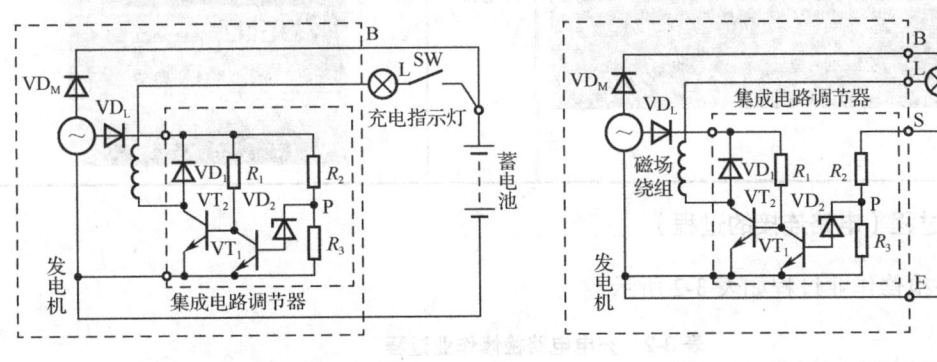

图 3-12　发电机电压检测法　　　　　　图 3-13　蓄电池电压检测法

2. 相关技能

（1）万用表、试灯、维修工具等常见设备的使用。
（2）维修资料的查阅，充电电路图的识读与分析。
（3）7S 操作。

三、任务实施

1. 作业准备

完成本工作任务需要准备起动充电台架、连接导线、万用表、电路图、汽车充电电源。充电电路检修作业准备内容如表 3-1 所示。

汽车电路检修

表 3-1 充电电路检修作业准备内容

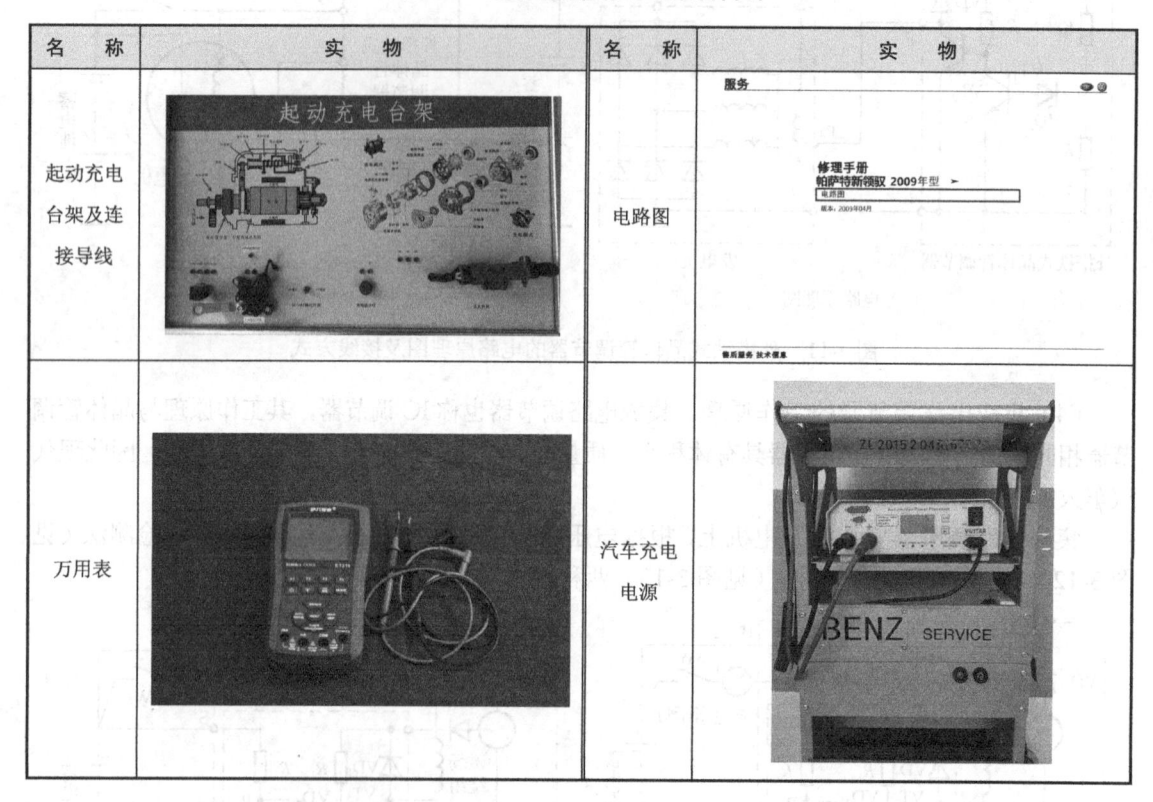

名 称	实 物	名 称	实 物
起动充电台架及连接导线		电路图	
万用表		汽车充电电源	

2. 作业过程（电路连接的过程）

充电电路检修作业过程如表 3-2 所示。

表 3-2 充电电路检修作业过程

作业步骤与要点	实 图
第一步：确定电路所需连接元件 要点： 检查点火开关、充电指示灯、蓄电池等元件及发电机的性能与规格	

续表

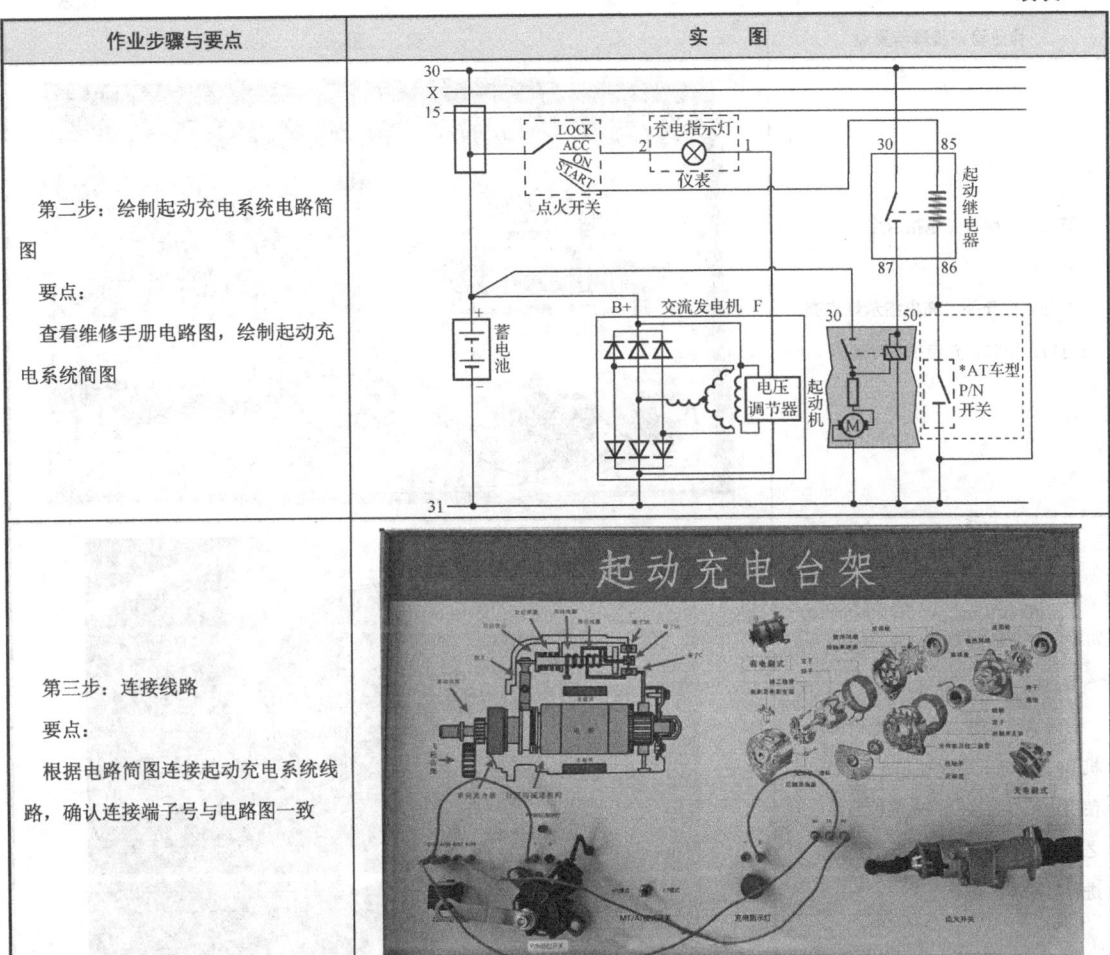

作业步骤与要点	实　图
第二步：绘制起动充电系统电路简图 要点： 查看维修手册电路图，绘制起动充电系统简图	
第三步：连接线路 要点： 根据电路简图连接起动充电系统线路，确认连接端子号与电路图一致	

3. 作业验证（连接电路的功能是否能够实现，并排除相应故障）

充电电路检修作业验证如表 3-3 所示。

表 3-3　充电电路检修作业验证

作业验证步骤与要点	实　图
第一步：检测蓄电池电压 要点： 使用万用表直流电压挡 DC，红表笔接蓄电池"+"，黑表笔接蓄电池"−"，电压不低于 12V，否则需要连接汽车充电电源	

续表

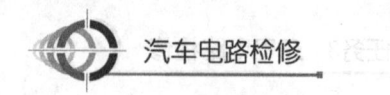

作业验证步骤与要点	实 图
第二步：检查充电指示灯 要点： 打开点火开关，充电指示灯点亮；发电机工作时，充电指示灯熄灭	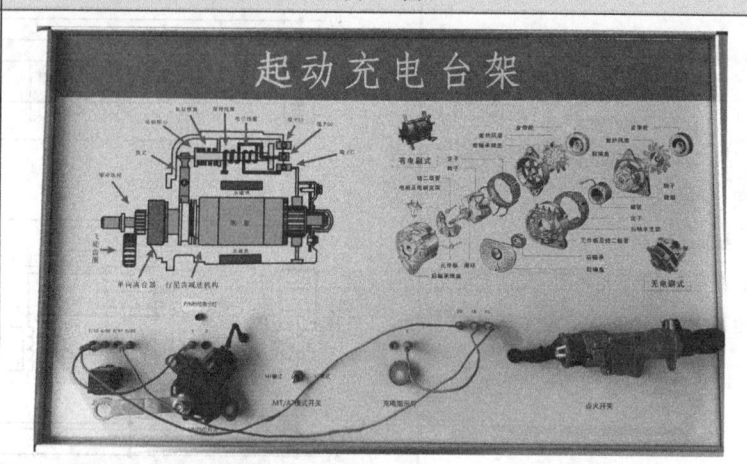
第三步：检测发电机 B+端子 要点： 打开点火开关，用万用表检测发电机 B+端子电压是否为 13.5~14.5V 或使用电流钳直接测试发电机到蓄电池之间电路的充电情况。若不正常，则进行第四步检测	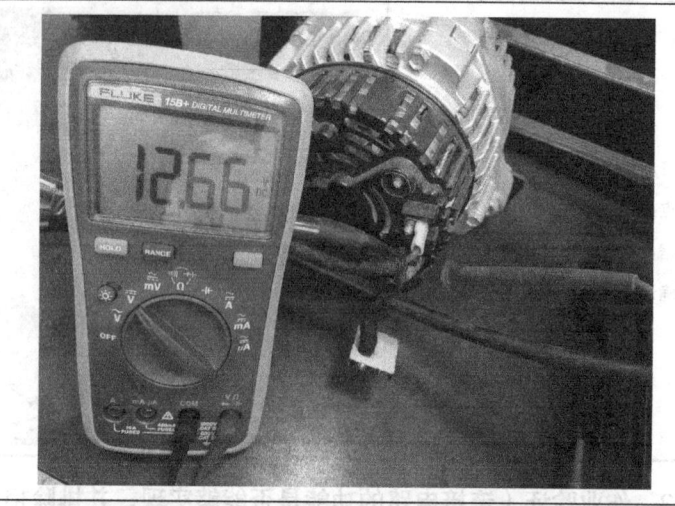
第四步：检修发电机 要点： 打开点火开关，用金属工具接近发电机皮带轮，正常时应有明显的磁场吸力，若无吸力，则检查磁场绕组的供电。若正常，则更换发电机	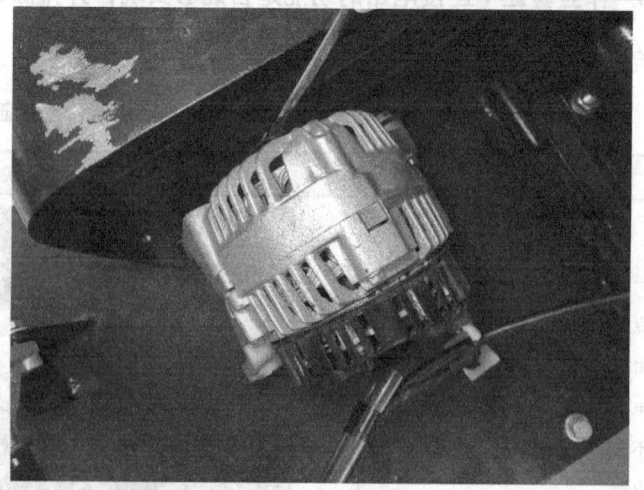

续表

作业验证步骤与要点	实　图
第五步：更换发电机 要点： 按标准扭矩拧紧发电机紧固螺栓	

四、任务训练

按照任务要求在汽车电器台架上连接充电线路，并确保发电机能正常运转。

五、复习与思考

（一）选择题

1. 集成电路调节器安装在发电机上，根据电压监测点的不同，可分为哪两种检测法？（　　）

　A．发电机电压检测法　　　　　　B．外搭铁检测法
　C．蓄电池电压检测法　　　　　　D．内搭铁检测法

2. 交流发电机产生交流电的基本原理是电磁感应，其感应电动势的大小主要与哪些因素有关？（　　）

　A．磁极对数　　　B．绕组匝数　　　C．控制装置　　　D．转子转速

3. 把每相绕组的首端分别与整流器的硅二极管相接，每相绕组的尾端连在一起，形成中性点（N），这种连接方式属于（　　）。

　A．Y形连接　　　B．串联　　　C．△形连接　　　D．并联

（二）判断题

（　　）1．蓄电池与发电机是汽车上的两大电源，它们一起向用电设备供电。

（　　）2．内搭铁式晶体管调节器必须与外搭铁式发电机匹配使用。

（　　）3．整流器的作用是将发电机定子绕组产生的三相交流电变换为直流电。

（　　）4．外搭铁式晶体管调节器的晶体管串联在发电机磁场绕组与搭铁之间，发电机磁场绕组无搭铁端，调节器控制磁场绕组搭铁。

任务4

前照灯电路检修

培训目标：

1. 能进行工位 7S 操作。
2. 能正确连接前照灯电路，验证前照灯的功能并排除简单故障。
3. 掌握前照灯的组成与工作原理。

一、任务描述

根据汽车电路检修专项考核要求，需要完成前照灯电路图的绘制。在汽车电器台架上用连接导线连接前照灯线路，验证前照灯的功能并排除简单故障。

二、任务分析

要想完成前照灯电路检修的任务内容，需要具备以下知识与技能。

1. 相关知识

汽车前照灯的照明效果直接影响着夜间交通安全，世界各国交通管理部门多以法律的形式规定了前照灯的照明标准，其基本要求如下。

（1）前照灯应能保证车前有明亮而又均匀的照明，使驾驶员能够看清车前 100m 内路面上的物体。随着现代汽车行驶速度的不断提高，对前照灯的要求也越来越高，现代汽车前照灯的照明距离应达到 200~250m。

（2）前照灯应有防止眩目的作用。以避免夜间两车相向行驶时，使对方驾驶员眩目，而造成交通事故。

（3）光束横向应有一定的散射宽度，以便直行时能看清车身侧面运动的物体，以及满足转弯时的照明需要。

（4）满载时，照明效果不应因车灯高度变化而下降。

1）前照灯的组成

前照灯（俗称头灯）主要用于夜间行车道路的照明，具有防眩目装置，避免夜间两车相向行驶时，造成对方驾驶员眩目而发生事故。

前照灯主要由反射镜、配光镜和灯泡三部分组成，其结构如图 4-1 所示。

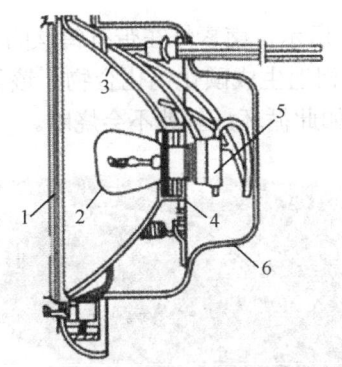

1—配光镜；2—灯泡；3—反射镜；4—插座；5—接线器；6—灯壳。

图 4-1　前照灯结构

(1) 反射镜。

① 作用：最大限度地将灯泡发出的光线聚合成强光束，以增加照射距离。

② 结构：由薄钢板经冲压而成，为旋转抛物面形状，内表面镀银、铝或铬后再抛光。银镀层反光率为 90%～95%，易擦伤、易硫化变黑、成本高。铬镀层反光率为 60%～62%。铝镀层反光率为 94%。目前，真空镀铝被广泛采用。

③ 工作原理：灯丝位于焦点 F 上，灯泡发出的大部分光线经反射后，成为平行光束射向远方，发光强度增强几百倍，甚至上千倍，达 20000～40000cd，从而使车前 150m，甚至 400m 内的路面被照得足够清楚。

(2) 配光镜。

① 作用：将反射镜反射出的平行光束进行折射，使车前路面和路缘都有良好而均匀的照明。

② 结构：由透明玻璃压制而成，是许多块棱镜和透镜的组合体。安装于反射镜的前面。

(3) 灯泡。

① 白炽灯：其灯丝用钨丝制成（钨的熔点高、发光强）。制造时，为了增加灯泡的使用寿命，灯泡内充入惰性气体（氮及其混合惰性气体）。这样可减少钨丝蒸发，提高灯丝的工作温度，提高发光效率。白炽灯发出的光线带有淡黄色。白炽灯如图 4-2 所示。

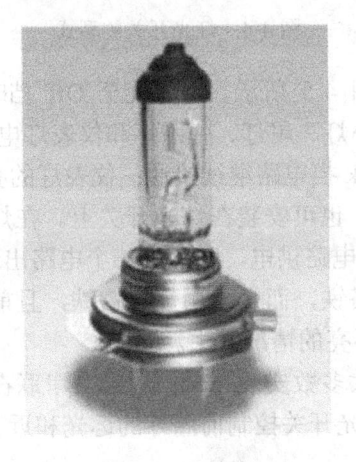

图 4-2　白炽灯

② 卤素灯：卤素灯如图 4-3 所示，卤素灯在带有钨丝的灯泡内掺入少量的惰性碘气，从灯丝蒸发出来的钨原子与碘原子相遇生成碘化钨化合物，该化合物一接触过千度的白热化灯丝，就会分解、还原为钨和碘，如此循环灯丝就不会烧断。

图 4-3　卤素灯

卤素灯的特点是它所发出的光强度远远高出白炽灯，而能耗约降低三分之一，其成本也较低。但是卤素灯色温偏黄，亮度偏低，在长时间高温下灯丝仍易熔断，故障率偏高。

2）前照灯控制电路

前照灯控制电路主要由灯光开关、变光开关、前照灯继电器及前照灯组成。

（1）灯光开关。灯光开关的型式有拨杆式、旋钮式和开关式等，如图 4-4 所示。现代汽车上应用较多的是将变光开关、尾灯开关、转向灯开关及前照灯开关等制成一体的组合式开关。灯光开关为拨杆式的常见车型有日系、韩系、自主品牌；为旋钮式的常见车型有欧系、美系；为开关式的常见车型有大众系。

（a）拨杆式　　　（b）旋钮式　　　（c）开关式

图 4-4　灯光开关的型式

灯光开关的结构原理图如图 4-5 所示。当它旋至 Off 挡时，关断所有的灯泡电路；旋至 Park 挡时，通过接线柱 3 接通小灯、尾灯、牌照灯和仪表灯电路；旋至 Head 挡时，通过接线柱 2 接通前照灯电路，旋至 Park 挡电路继续接通；仪表灯的亮度调节旋钮是由一个变阻器组成的，可单独安装在仪表板上，也可安装在灯光开关上。在灯光开关上有两个相线接线柱 1 和 5，分别给前照灯电路和小灯电路供电，防止当一个电路出现断路故障时，全车灯均不亮。

灯光开关和变光开关都不搭铁，而是采用灯丝搭铁，且前照灯都是并联的，这样可防止一个灯丝烧断导致全车前照灯不亮的情况发生。

（2）变光开关。变光开关大多数安装在转向柱上，串联在前照灯电路中。当灯光开关旋至 Head 挡时，驾驶员可通过变光开关控制前照灯的远光和近光。前照灯电路如图 4-6 所示。

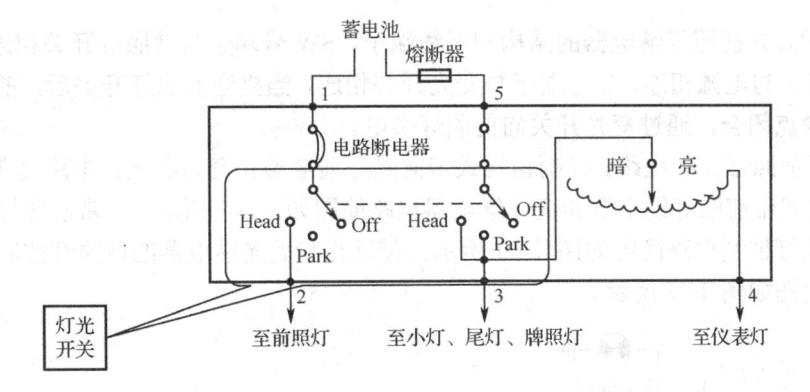

图 4-5　灯光开关的结构原理图

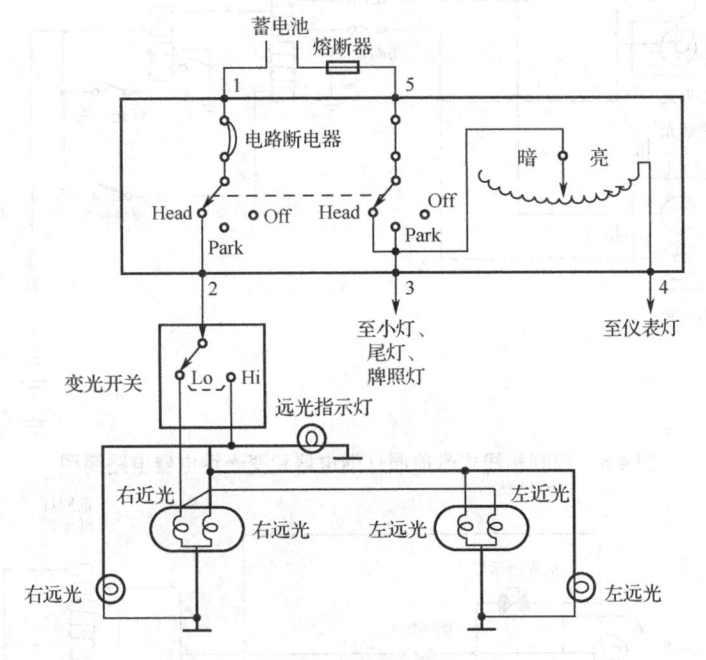

图 4-6　前照灯电路

（3）前照灯继电器。前照灯的工作电流较大，特别是四灯制前照灯。若用车灯开关直接控制前照灯，则车灯开关易烧坏。因此在电路中设有前照灯继电器，如图 4-7 所示。

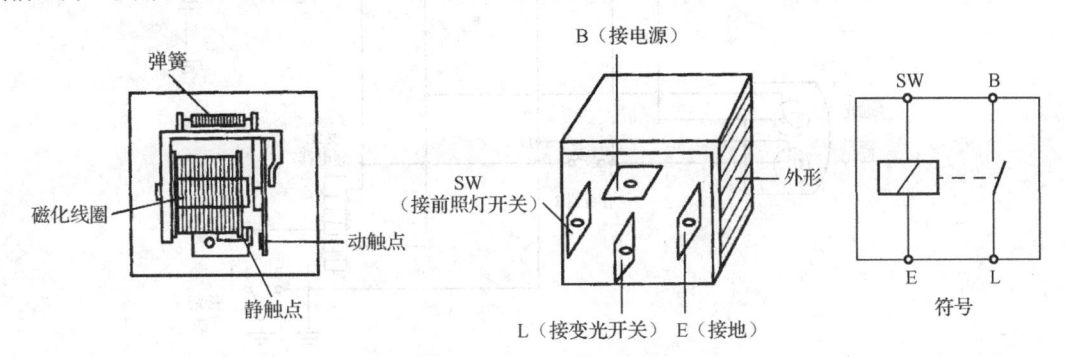

图 4-7　前照灯继电器

触点为常开式前照灯继电器的结构和引线端子，SW 号端子与前照灯开关相连，E 号端子接地，B 号端子与电源相连，L 号端子与变光开关相连。当接通前照灯开关后，前照灯继电器铁心通电，触点闭合，通过变光开关向前照灯供电。

（4）常规前照灯控制电路。控制相线式带前照灯继电器和变光继电器电路简图如图 4-8 所示。控制搭铁式带前照灯继电器和变光继电器电路简图如图 4-9 所示。只带前照灯继电器的控制形式的前照灯控制电路简图如图 4-10 所示。带远光和近光继电器的前照灯控制形式的前照灯控制电路简图如图 4-11 所示。

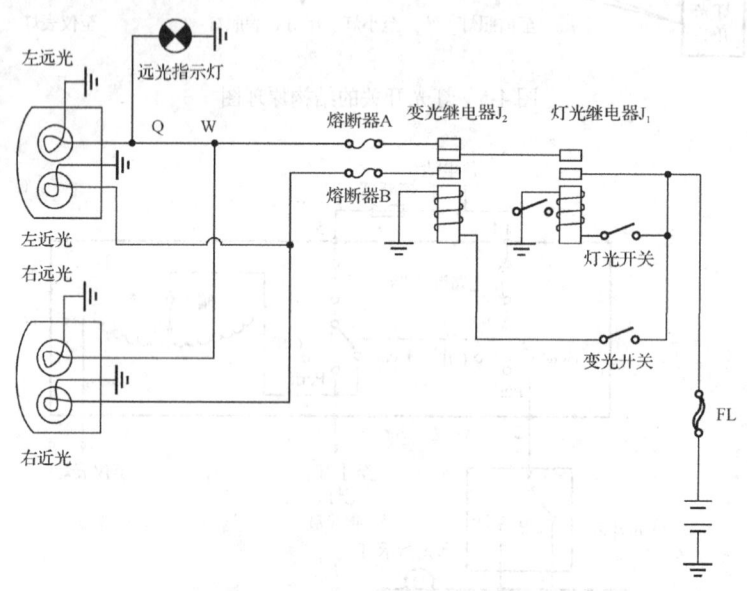

图 4-8　控制相线式带前照灯继电器和变光继电器电路简图

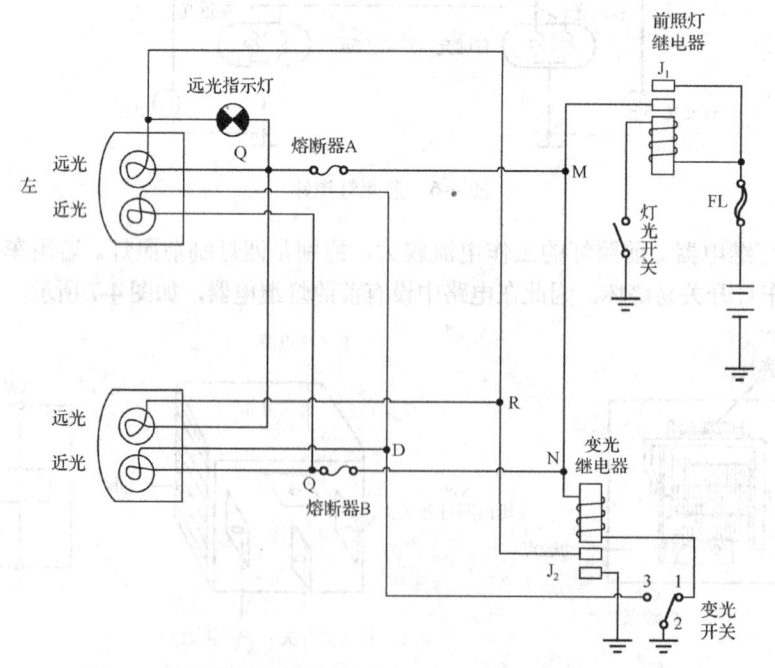

图 4-9　控制搭铁式带前照灯继电器和变光继电器电路简图

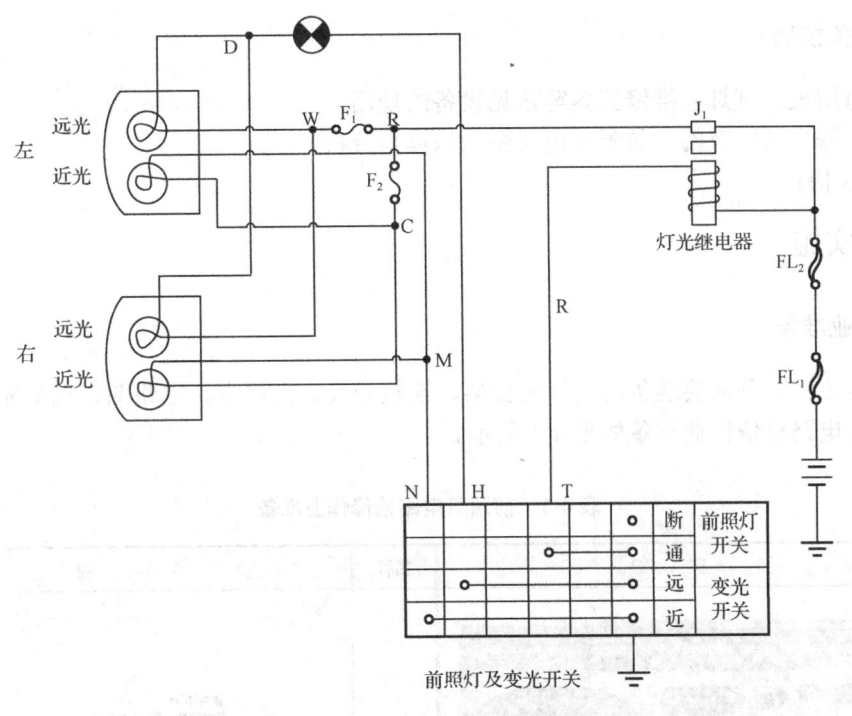

图 4-10 只带前照灯继电器的控制形式的前照灯控制电路简图

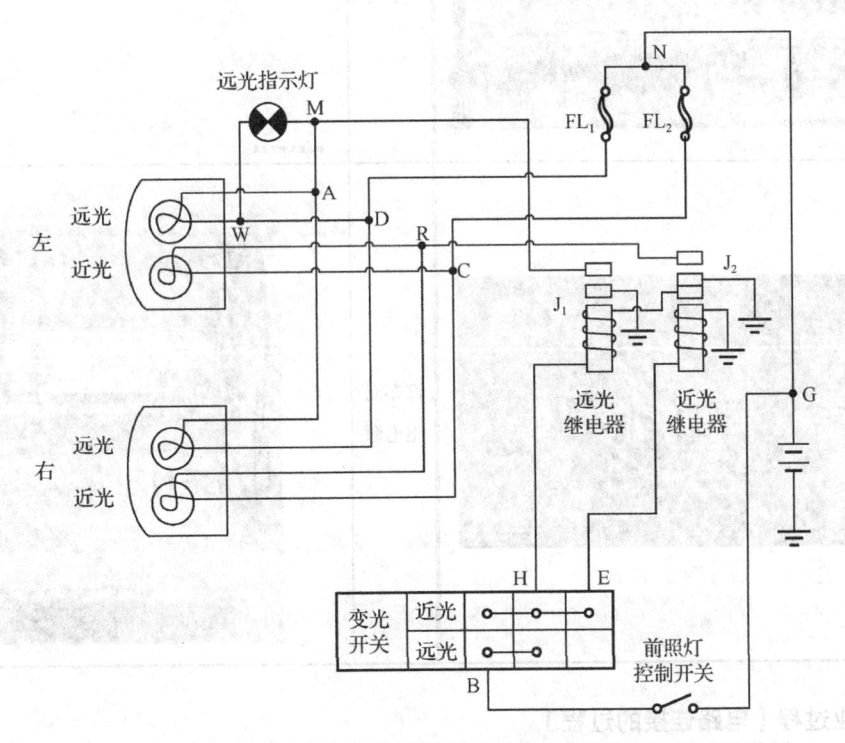

图 4-11 带远光和近光继电器的前照灯控制形式的前照灯控制电路简图

2. 相关技能

（1）万用表、试灯、维修工具等常见设备的使用。
（2）维修资料的查阅，前照灯电路图的识读与分析。
（3）7S 操作。

三、任务实施

1. 作业准备

完成本工作任务需要准备雨刮灯光台架、连接导线、万用表、电路图、汽车充电电源。前照灯电路检修作业准备如表 4-1 所示。

表 4-1　前照灯电路检修作业准备

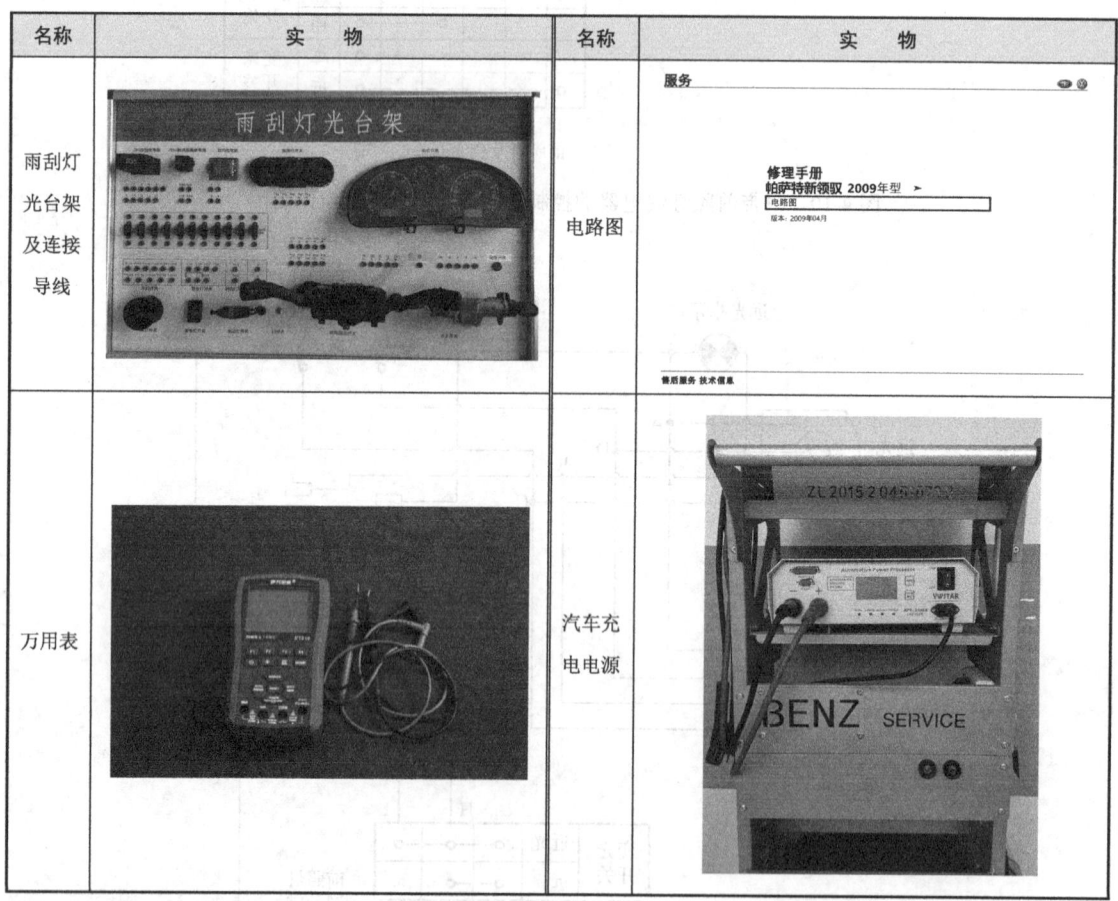

名称	实物	名称	实物
雨刮灯光台架及连接导线		电路图	
万用表		汽车充电电源	

2. 作业过程（电路连接的过程）

前照灯电路检修作业过程如表 4-2 所示。

任务4 前照灯电路检修

表 4-2 前照灯电路检修作业过程

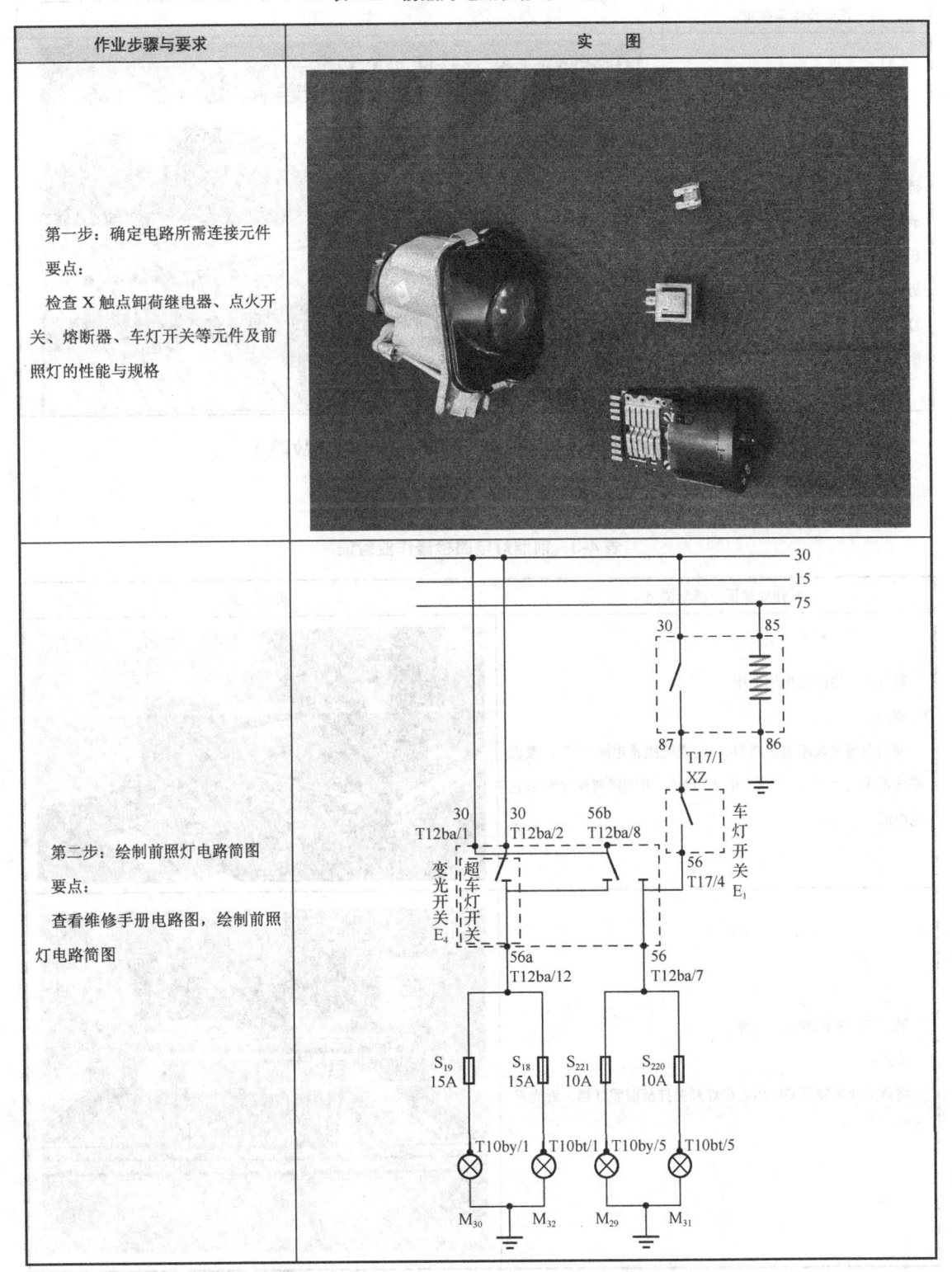

作业步骤与要求	实　图
第一步：确定电路所需连接元件 要点： 检查 X 触点卸荷继电器、点火开关、熔断器、车灯开关等元件及前照灯的性能与规格	
第二步：绘制前照灯电路简图 要点： 查看维修手册电路图，绘制前照灯电路简图	

75

续表

作业步骤与要求	实　图
第三步：连接线路 要点： 根据电路简图连接前照灯线路：连接车灯开关 E_1 供电线路→连接近光灯供电线路（75 供电受车灯开关 E_1 控制）→连接 T17/4 56 号端子与近光灯熔断器 S_{221}、S_{220}→连接远光灯供电线路→实现超车灯开关控制。确认连接端子号与电路图一致	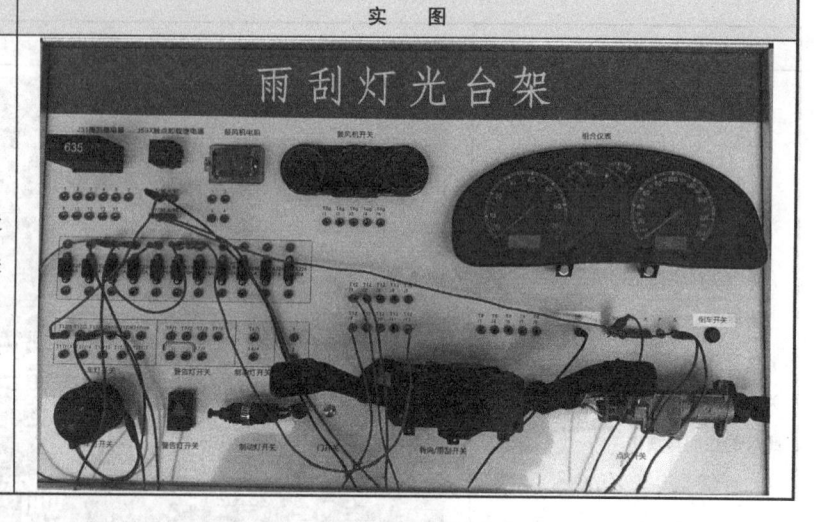

3. 作业验证（连接电路的功能是否能够实现，并排除相应故障）

前照灯电路检修作业验证如表 4-3 所示。

表 4-3　前照灯电路检修作业验证

作业验证步骤与要点	实　图
第一步：检测蓄电池电压 要点： 使用万用表直流电压挡 DC，红表笔接蓄电池"+"，黑表笔接蓄电池"−"，电压不低于 12V，否则需要连接汽车充电电源	
第二步：验证近光灯功能 要点： 将点火开关旋至 ON 挡，车灯开关打至前照灯挡，近光灯亮起	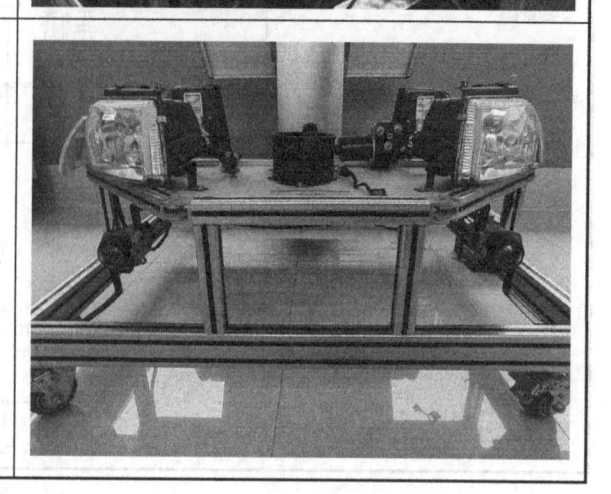

续表

作业验证步骤与要点	实　图
第三步：验证远光灯功能 要点： 切换变光开关至远光灯挡，远光灯亮起	
第四步：验证超车灯功能 要点： 操作超车灯开关，超车灯亮起	
第五步：前照灯电路检修 要点： 以近光灯不亮故障检修为例。 （1）断开近光灯插头 T10by 或 T10bt，用万用表检测近光灯 M_{29} 或 M_{31} 搭铁线电阻，正常值小于 1Ω。若电阻超过 1Ω，则更换或修复搭铁线 （2）检测近光灯 M_{29} 或 M_{31} 供电电压为+B，说明供电电压正常，故障为近光灯泡，更换近光灯泡 （3）检测熔断器 S_{221} 和 S_{220} 的电压均为+B，说明供电电压正常。故检测熔断器 S_{221} 和 S_{220} 至近光灯 T10by/5 和 T10bt/5 号端子电阻，正常值小于 1Ω。若异常，则维修或更换线束 （4）检测变光开关 E_4 T12ba/7 号端子电压为+B，说明供电电压正常。故检测变光开关 E_4 T12ba/7 号端子至熔断器 S_{221} 和 S_{220} 的电阻，正常值小于 1Ω。若异常，则维修或更换线束 （5）检测车灯开关 E_1 T17/1 号端子电压为+B，说明供电电压正常。故检测车灯开关 E_1 T17/1 号端子至变光开关 E_4 T12ba/7 号端子电阻，正常值小于 1Ω。若异常，则更换车灯开关 （6）检测前照灯继电器 87 号端子是否为+B，若正常，则检测前照灯继电器 87 号端子至车灯开关 E_1 T17/1 号端子电路电阻，正常值小于 1Ω；若异常，则维修或更换线束 （7）检测前照灯继电器工作是否正常。若异常，则更换继电器	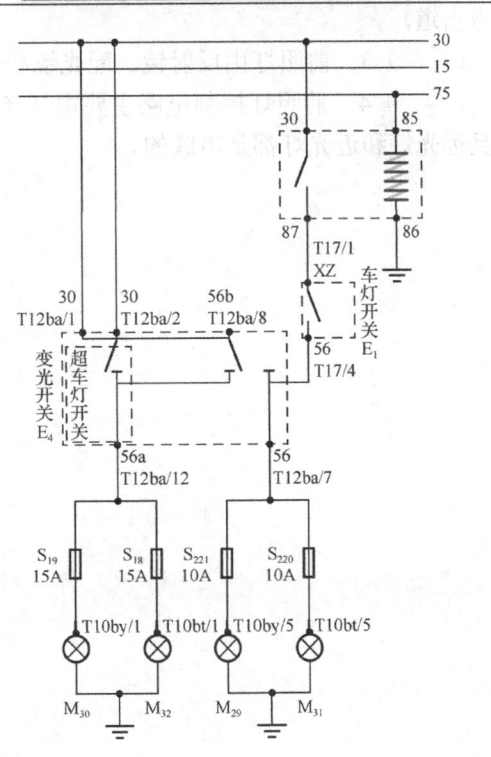

四、任务训练

按照任务要求在汽车电器台架上连接前照灯线路，并确保前照灯能正常工作。

五、复习与思考

（一）选择题

1. 汽车前照灯的检验指标是（　　）。
   A. 发光强度　　　　　　　　　　　B. 前照灯功率
   C. 前照灯灯泡大小　　　　　　　　D. 光束照射位置
2. 汽车前照灯灯泡的类型有（　　）。
   A. 白炽灯　　　B. 卤素灯　　　C. 氙气灯　　　D. LED 灯
3. 熔断器烧断的原因是（　　）。
   A. 型号规格不对　　B. 质量不合要求　　C. 过载　　　D. 短路

（二）判断题

（　　）1. 前照灯泡原车使用 H4、55W/60W/12V 规格，可以更改为更大功率的灯泡。

（　　）2. 超车灯的作用是当想超越前车时，不断地打开和关闭超车灯提醒前车避让，或是在相向行驶时不断打开和关闭超车灯，提醒对方切换近光，以及在混合车道相遇时提醒对方占道。

（　　）3. 前照灯由反射镜、配光镜和灯泡三部分组成。

（　　）4. 前照灯控制电路主要由灯光开关、变光开关、前照灯继电器及前照灯组成，并且远光灯和近光灯都是串联的。

任务5

雾灯电路检修

培训目标：

1. 能进行工位 7S 操作。
2. 能正确连接雾灯电路，验证雾灯的功能并排除简单故障。
3. 掌握雾灯的组成与工作原理。

一、任务描述

根据汽车电路检修专项考核要求，需要完成雾灯电路图的绘制。在汽车电器台架上用连接导线连接雾灯线路，验证雾灯的功能并排除简单故障。

二、任务分析

要想完成雾灯电路检修的任务内容，需要具备以下知识与技能。

1. 相关知识

1）雾灯的结构

一般的汽车除了前面的远光灯、近光灯、大灯、小灯，后面的行驶灯、制动灯，在车后不起眼的地方还有一组雾灯。雾灯位置如图 5-1 所示。车用后雾灯安装在车辆尾部，使车辆在雾、雨或尘埃弥漫等能见度较低的环境中容易被后方其他车辆发现。

前雾灯装于汽车前部比前照灯稍低的位置，用于雨、雾天气行车时的道路照明。因为雾天能见度低，驾驶员视线受到限制。雾灯的灯光可增大运行距离，特别是黄色雾灯的光穿透力强，它可提高驾驶员与行人的能见度，容易发现其他车辆。

2）雾灯的分类

雾灯分前雾灯和后雾灯，前雾灯一般为明亮的黄色，后雾灯则为红色。后雾灯的标志和前雾灯有一点区别，前雾标志的灯光线条是向下的，后雾灯标志的灯光线条是平行的，一般位于车内的仪表控制台上。由于雾灯亮度高、穿透性强，不会因雾气而产生漫反射，所以正确使用雾灯能够有效预防事

图 5-1 雾灯位置

故的发生。在有雾的天气，前、后雾灯通常是一起使用的。

雾灯开关一般分三挡，零挡关闭，第一挡控制前雾灯，第二挡控制后雾灯。开第一挡时前雾灯工作，开第二挡时前、后雾灯一起工作。所以开雾灯时，建议应知道开关在哪个挡位，这样才能方便了自己又不影响他人，确保行车安全。

雾灯开关分为拨杆式、旋钮式、按键式三种，其类型如图5-2所示。

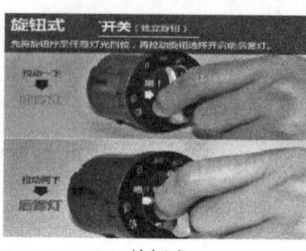

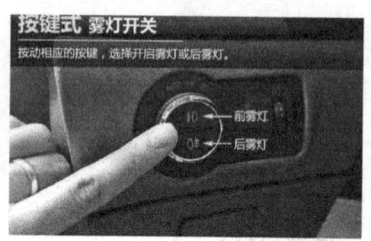

（a）拨杆式　　　　　　　　（b）旋钮式　　　　　　　　（c）按键式

图5-2　雾灯开关的类型

前雾灯符号如图5-3所示，左边是三条斜线，由一条弯曲的线穿过，右边是半椭圆形的图形。后雾灯符号如图5-4所示，左边是半椭圆形的图形，右边是三条横线，由一条弯曲的线穿过。

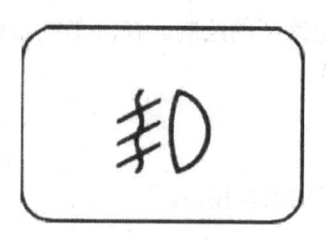

图5-3　前雾灯符号 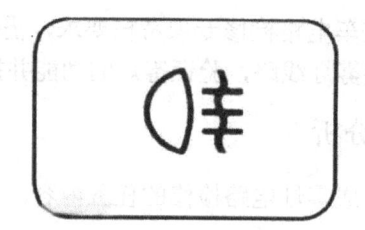　　　　　　　　图5-4　后雾灯符号

3）操作类型

（1）按键开启雾灯。有的车辆是通过按键开启前、后雾灯的，即在仪表盘附近有标有雾灯的按键。在开启灯光后，按下前雾灯的按键，即可点亮前面的雾灯；按下后雾灯的按键，即可点亮车后面的雾灯。

（2）旋钮开启雾灯。有的车辆灯光操纵杆在转向盘下方，或左手边空调下安装了雾灯开启旋钮，雾灯是通过旋钮来开启的。如图5-2所示，当把中间标有雾灯信号的旋钮旋至ON挡时，即开启前雾灯，把旋钮向下旋至后雾灯的位置，即同时开启了前、后雾灯。

4）维护方法

在市内夜晚无雾行车时，不要使用雾灯，前雾灯无遮光罩，会使车灯光耀眼，影响行车安全。有些驾驶员不仅使用前雾灯，还将后雾灯打开。因为后雾灯灯泡功率较大，会产生刺眼光亮，容易使后面的汽车驾驶员出现眼睛疲劳的状况，影响行车安全。

无论是前雾灯或后雾灯，只要是不亮了，那就表明灯泡已经烧毁，必须进行更换。但如果没有完全坏掉，只是亮度降低，灯光发红而暗淡，也绝对不能掉以轻心，因为这可能是故障的前兆，而降低了的照明能力也会给安全行驶带来隐患。

亮度降低的原因以下几种：①灯具的散光玻璃或反射镜上积有尘垢，这时需要做的仅仅是用绒布或镜头纸将污垢清除干净即可；②蓄电池充电能力下降，电力不足而导致亮度不够，需要更换新的蓄电池；③可能是线路老化或导线过细，造成电阻增加从而影响供电，这种情况不仅影响灯泡的工作，严重的还会导致线路过热而造成火灾。

5）雾灯控制电路

雾灯控制电路主要由点火开关、停车灯开关、雾灯开关、雾灯继电器、前雾灯、后雾灯、熔断器等组成，如图5-5所示。

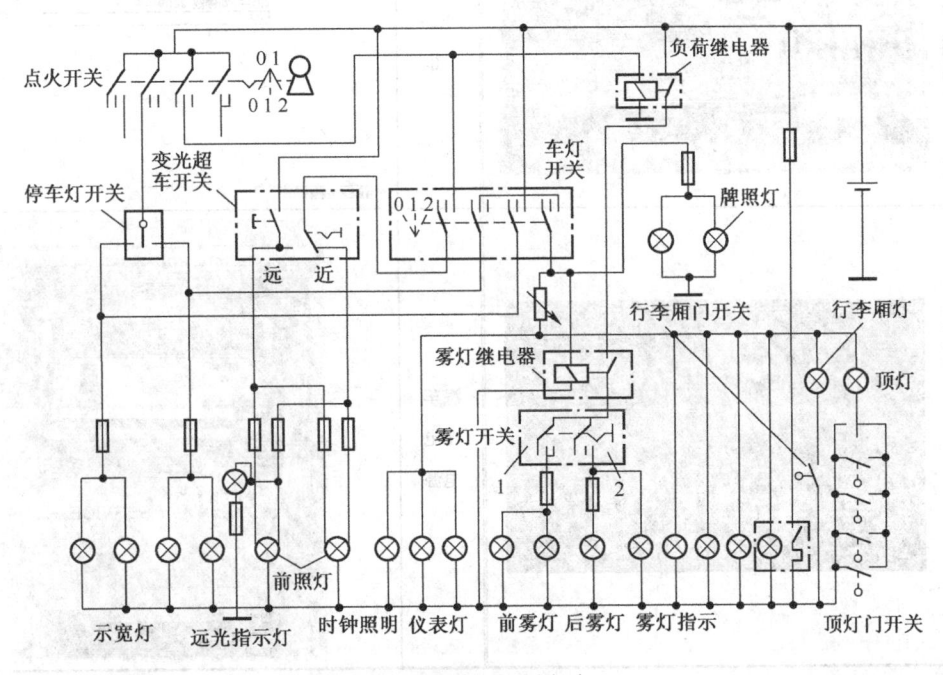

图5-5 雾灯控制电路

雾灯电路工作过程：蓄电池"+"至点火开关1挡，负荷继电器工作，车灯开关旋至1挡，雾灯继电器工作，雾灯开关旋至1挡，给前雾灯供电，经搭铁回到蓄电池"-"；雾灯开关旋至2挡时，前、后雾灯同时工作。

2. 相关技能

（1）万用表、试灯、维修工具等常见设备的使用。
（2）维修资料的查阅，雾灯电路图的识读与分析。
（3）7S操作。

三、任务实施

1. 作业准备

完成本工作任务需要准备雨刮灯光台架、连接导线、万用表、电路图、汽车充电电源。雾灯电路检修作业准备内容如表5-1所示。

表 5-1　雾灯电路检修作业准备内容

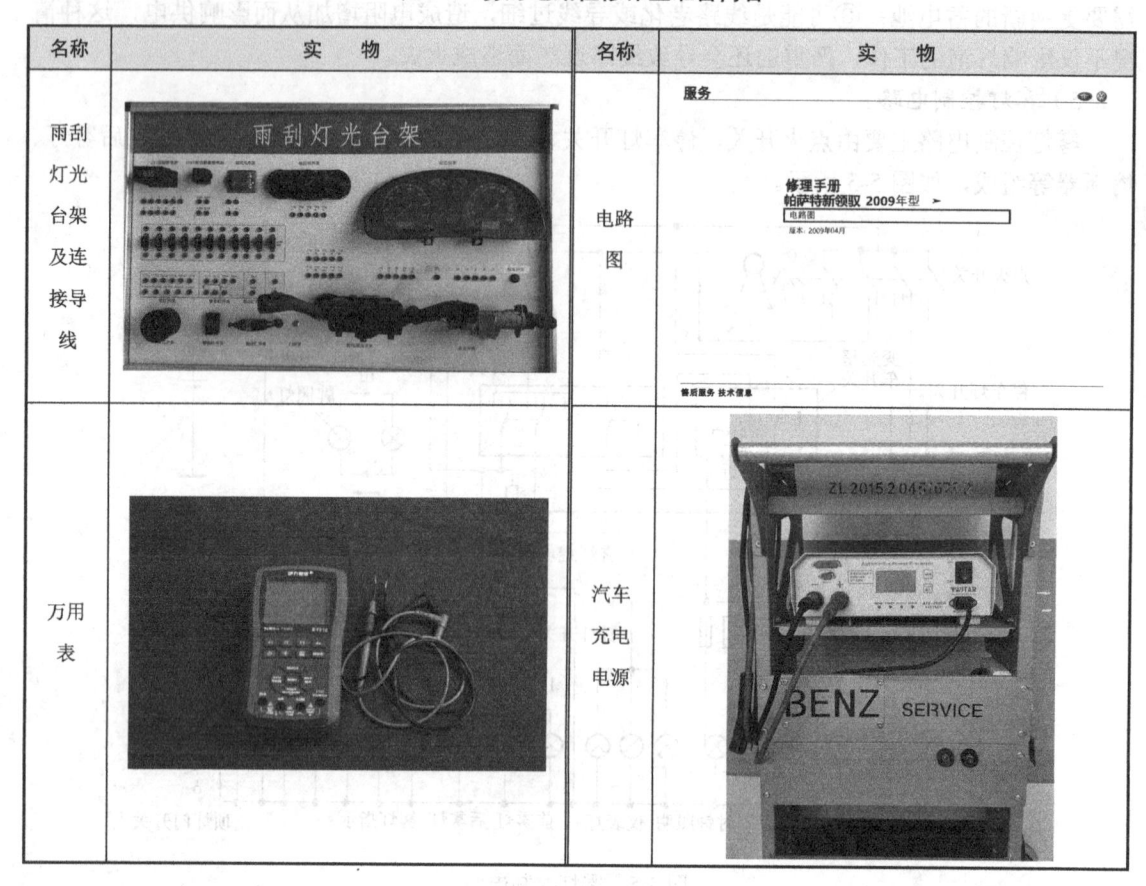

名称	实物	名称	实物
雨刮灯光台架及连接导线		电路图	
万用表		汽车充电电源	

2. 作业过程（电路连接的过程）

雾灯电路检修作业过程如表 5-2 所示。

表 5-2　雾灯电路检修作业过程

作业步骤与要点	实　图
第一步：确定电路所需连接元件 要点： 检查 X 触点卸荷继电器、点火开关、熔断器、车灯开关、雾灯等元件的性能与规格	

任务5 雾灯电路检修

续表

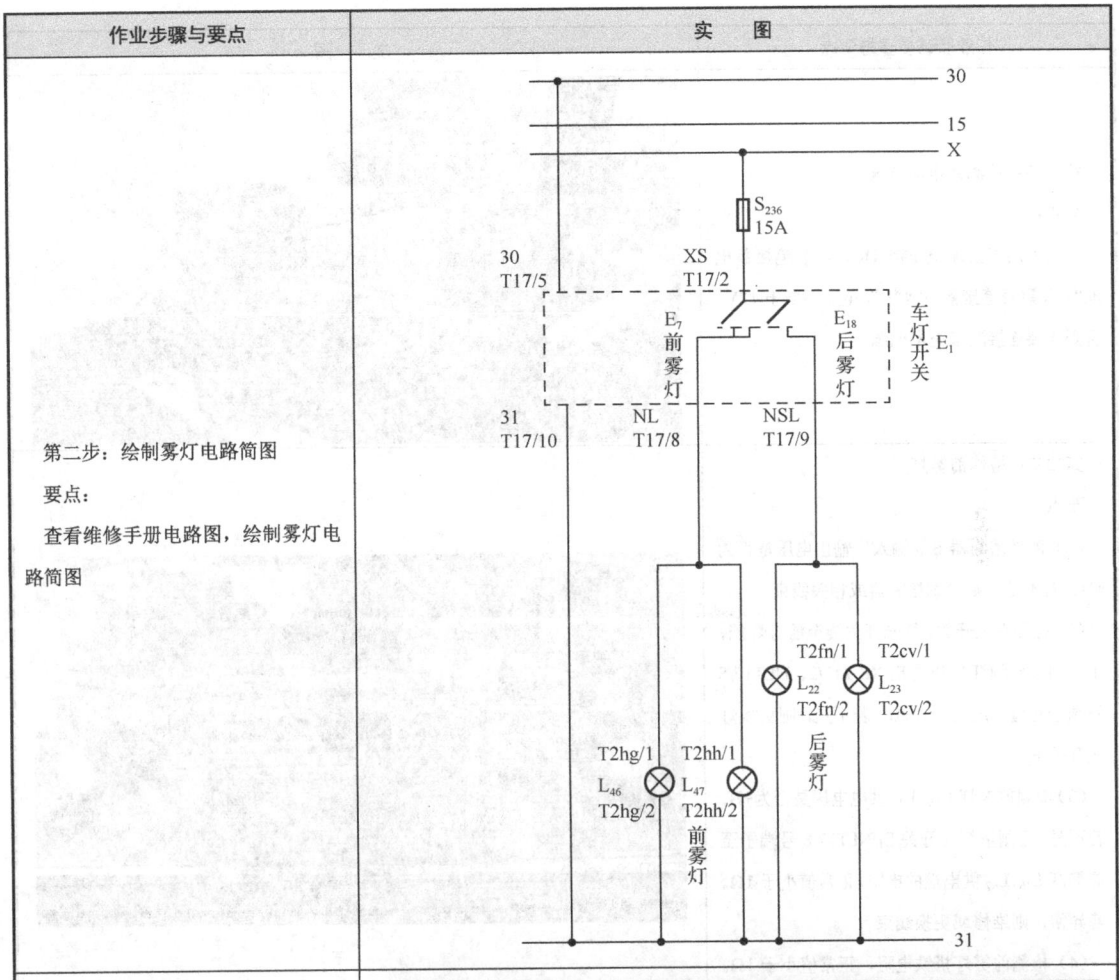

作业步骤与要点	实　图
第二步：绘制雾灯电路简图 要点： 查看维修手册电路图，绘制雾灯电路简图	（雾灯电路简图，标注：30、15、X；S_{236} 15A；XS T17/2；E_7 前雾灯、E_{18} 后雾灯、E_1 车灯开关；30 T17/5；31；NL T17/10、NL T17/8、NSL T17/9；L_{22} T2fn/1、T2fn/2；L_{23} T2cv/1、T2cv/2 后雾灯；L_{46} T2hg/1、T2hg/2；L_{47} T2hh/1、T2hh/2 前雾灯；31）
第三步：连接线路 要点： 根据电路简图连接雾灯线路：电源30号端子连接X触点卸荷继电器30号端子→X触点卸荷继电器85号端子接地→点火开关X端连接X触点卸荷继电器86号端子→X触点卸荷继电器87号端子连接熔断器S_{236}→车灯开关E_1的2号引脚连接熔断器S_{236}→点火开关30号端子连接车灯开关E_1的15号引脚→车灯开关E_1的10号引脚接地	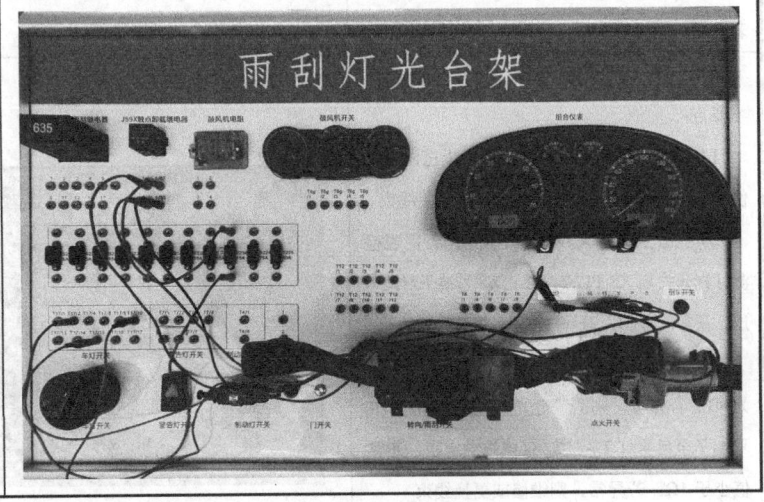 （雨刮灯光台架实物图）

3. 作业验证（连接电路的功能是否能够实现，并排除相应故障）

雾灯电路检修作业验证如表5-3所示。

表 5-3 雾灯电路检修作业验证

作业验证步骤与要点	实 图
第一步：检测蓄电池电压 要点： 使用万用表直流电压挡 DC，红表笔接蓄电池"+"，黑表笔接蓄电池"-"，电压不低于 12V，否则需要连接汽车充电电源	
第二步：检修前雾灯 要点： （1）测量熔断器 S_{236} 输入、输出电压是否为 +B。若不是，则检修熔断器或相关线束 （2）打开点火开关，灯光开关旋至前雾灯挡，用万用表检测灯光开关 E_1 XS T17/2、NLT17/8 号端子对地电压是否为+B。若不是，则更换灯光开关 E_1 （3）检测前雾灯 L_{46}、L_{47} 供电电压是否为+B。若不是，则测量灯光开关 E_1 NLT17/8 号端子至前雾灯 L_{46}、L_{47} 供电端的电阻，正常值小于 1Ω。若异常，则维修或更换线束 （4）检测前雾灯搭铁电阻，正常值小于 1Ω。若异常，则维修或更换线束	
第三步：检修后雾灯 要点： （1）测量熔断器 S_{236} 输入、输出电压，正常值为+B。若异常，则检修熔断器或相关线束 （2）打开点火开关、灯光开关，用万用表检测灯光开关 E_1 XS T17/2、NLT17/8 号端子对地电压，正常值为+B。若异常，则更换灯光开关 E_1 （3）检测后雾灯 L_{22}、L_{23} 供电电压，正常值为+B。若异常，则测量灯光开关 E_1 NLT17/8 号端子至后雾灯 L_{22}、L_{23} 供电端的电阻，正常值小于 1Ω。若异常，则维修或更换线束 （4）检测前雾灯搭铁电阻，正常值小于 1Ω。若异常，则维修或更换线束	

四、任务训练

按照任务要求在汽车电器台架上连接雾灯线路,并确保前、后雾灯能正常工作。

五、复习与思考

(一)选择题

1. 雾灯开关的类型有（　　）。
   A. 旋钮式开关　　　　　　　　B. 按键式开关
   C. 拨杆式开关　　　　　　　　D. 间隙式开关
2. 关于雾灯开关,描述正确的是（　　）。
   A. 零挡为关闭　　　　　　　　B. 第一挡控制前雾灯
   C. 第二挡控制前雾灯　　　　　D. 第二挡控制后雾灯
3. 雾灯灯光的常用颜色有（　　）。
   A. 黄色　　　　B. 白色　　　　C. 红色　　　　D. 金色

(二)判断题

（　　）1. 雾灯分前雾灯和后雾灯,前雾灯一般为明亮的黄色,后雾灯则为红色。

（　　）2. 能见度在100～200m时,必须开启雾灯、近光灯、示宽灯和尾灯,时速不得超过60km/h,与前车保持间距为100m以上。

（　　）3. 后雾灯符号左边是三条斜线,由一条弯曲的线穿过,右边是半椭圆形的图形。

（　　）4. 前雾灯符号左边是半椭圆形的图形,右边是三条横线,由一条弯曲的线穿过。

任务6

制动灯电路检修

培训目标：

1. 能进行工位7S操作。
2. 能正确连接制动灯电路，验证制动灯的功能并排除简单故障。
3. 掌握制动灯电路的组成与工作原理。

一、任务描述

根据汽车电路检修专项考核要求，需要完成制动灯电路图的绘制，在汽车电器台架上用连接导线连接制动灯线路，验证制动灯的功能并排除简单故障。

二、任务分析

要完成制动灯电路检修的任务内容，需要具备以下知识与技能。

1. 相关知识

（1）传统制动灯开关。它的作用是通过自身通断控制制动灯电路通断。工作时，通过接通或断开制动灯开关，即踩下和放开制动踏板的瞬间控制制动灯的点亮与熄灭，当制动灯点亮时可以提示后车，前车进入制动状态，请减速或保持一定安全车距。制动灯连接简图如图6-1所示。

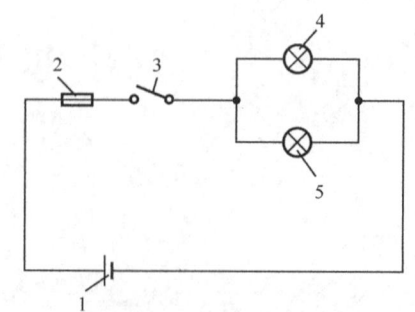

1—蓄电池；2—熔断器；3—制动灯开关；4—左制动灯；5—右制动灯。

图6-1 制动灯连接简图

常见的制动灯开关有气压式、液压式、弹簧式、霍尔式四种。以弹簧式制动灯开关为例，介绍其结构。

弹簧式制动灯开关是一种较为常用的制动灯开关，主要由制动踏板、推杆、制动灯开关、接线柱、接触桥、回位弹簧等组成，安装在制动踏板的后面，其结构如图6-2所示。当踩下制动踏板时，制动灯开关闭合，制动灯亮。

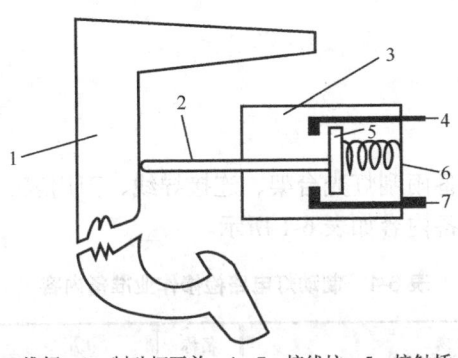

1—制动踏板；2—推杆；3—制动灯开关；4、7—接线柱；5—接触桥；6—回位弹簧。

图6-2 弹簧式制动灯开关的结构

（2）新型制动灯开关。将制动灯开关信号输入车身控制单元，以祺智汽车制动灯开关为例，其电路图如图6-3所示。制动灯开关由一个常闭、一个常开开关组成。当踩下制动踏板时常闭开关断开，常开开关闭合，同时以电平信号反馈给相关控制单元，由各系统判断是否动作并执行相应控制，如ABS是否介入工作、ECM模块降低发动机输出转矩等。采用这种控制能有效保证制动信号可靠。目前新型制动灯开关已经被广泛使用。

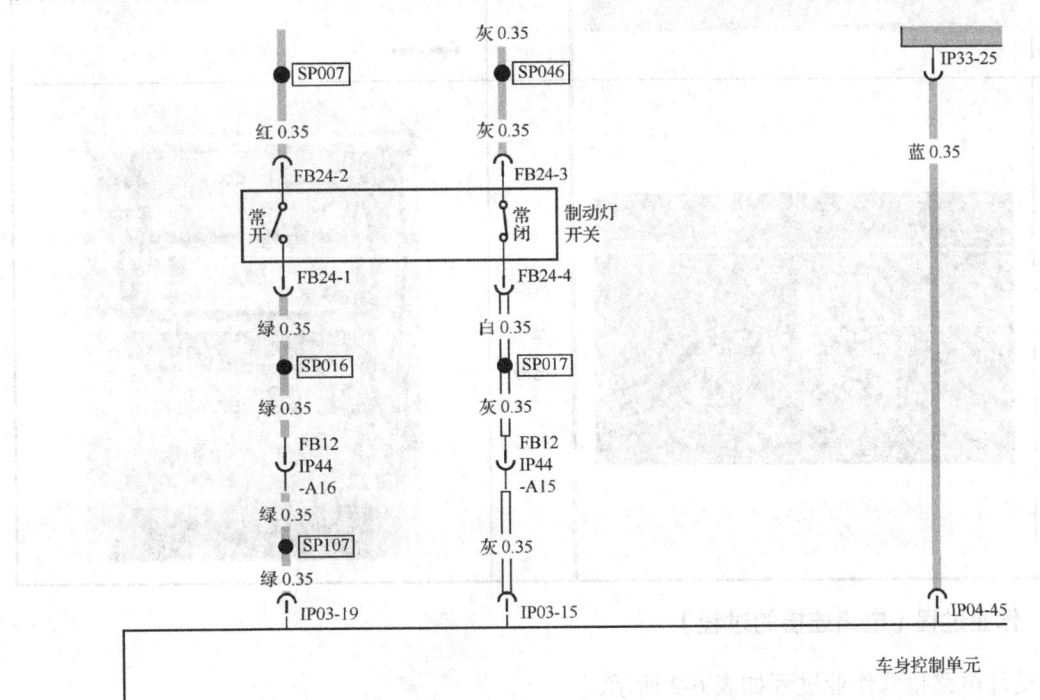

图6-3 祺智汽车制动灯开关电路图

2. 相关技能

（1）万用表、试灯、维修工具等常见设备的使用。
（2）维修资料的查阅，制动灯电路图的识读与分析。
（3）7S 操作。

三、任务实施

1. 作业准备

完成本工作任务需要准备雨刮灯光台架、连接导线、万用表、电路图、汽车充电电源。制动灯电路检修作业准备内容如表 6-1 所示。

表 6-1　制动灯电路检修作业准备内容

名称	实物	名称	实物
雨刮灯光台架及连接导线		电路图	
万用表		汽车充电电源	

2. 作业过程（电路连接的过程）

制动灯电路检修作业过程如表 6-2 所示。

表 6-2 制动灯电路检修作业过程

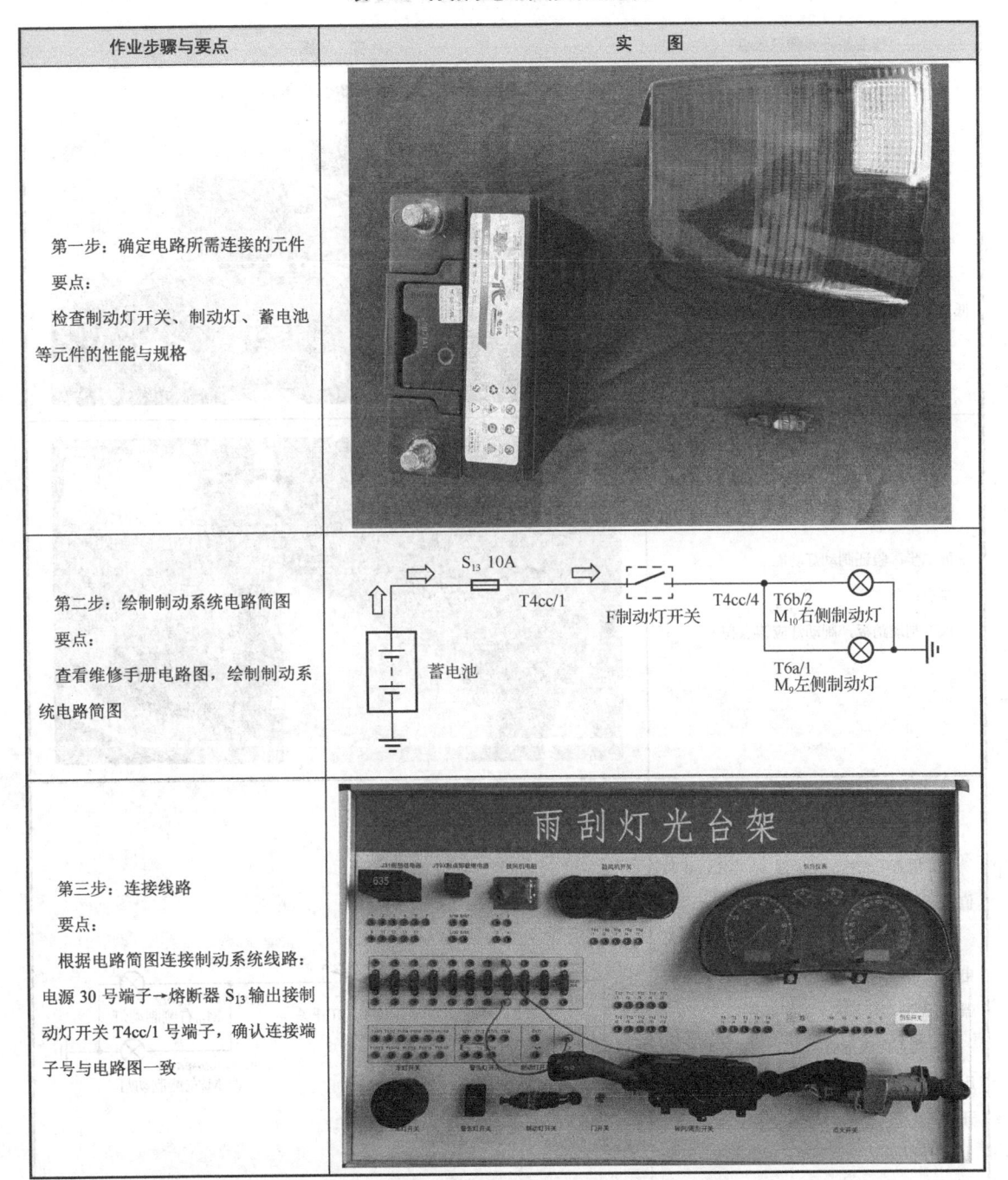

作业步骤与要点	实 图
第一步：确定电路所需连接的元件 要点： 检查制动灯开关、制动灯、蓄电池等元件的性能与规格	
第二步：绘制制动系统电路简图 要点： 查看维修手册电路图，绘制制动系统电路简图	
第三步：连接线路 要点： 根据电路简图连接制动系统线路：电源30号端子→熔断器 S_{13} 输出接制动灯开关 T4cc/1 号端子，确认连接端子号与电路图一致	

3. 作业验证（连接电路的功能是否能够实现，并排除相应故障）

制动灯电路检修作业验证如表6-3所示。

表 6-3 制动灯电路检修作业验证

作业验证步骤与要点	实 图
第一步：检测蓄电池电压 要点： 使用万用表直流电压挡 DC，红表笔接蓄电池"+"，黑表笔接蓄电池"-"，电压不低于 12V，否则需要连接汽车充电电源	
第二步：验证制动灯功能 要点： 踩下制动踏板，制动灯应该点亮	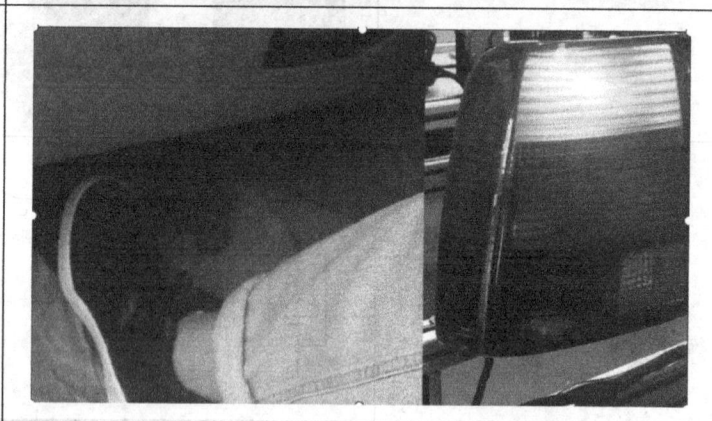
第三步：制动灯电路检修 要点： (1) 用万用表检测熔断器 S_{13} 电压，正常值为+B。若异常，则检查上游供电 (2) 用万用表检测制动灯开关 F 电源输入电压，正常值为+B。若异常，则检查熔断器 S_{13} 至制动灯开关 F 之间电路 (3) 用万用表检测制动灯开关 F 输出电压，正常值为+B。若异常，则更换制动灯开关 F (4) 用万用表检测制动灯供电电压，正常值为+B。若异常，则检查制动灯开关 F 至制动灯之间电路 (5) 用万用表检测搭铁电路电阻，正常值小于 1Ω。若异常，则维修或更换线束	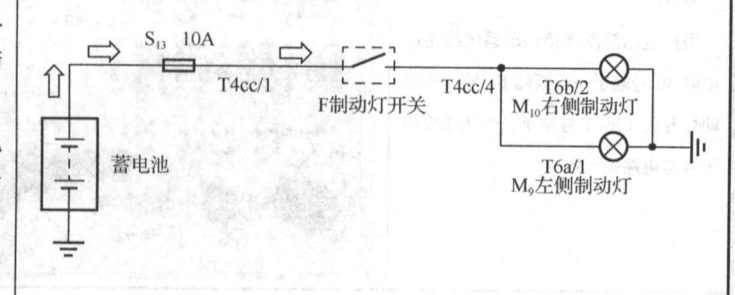 S_{13} 10A　T4cc/1　F制动灯开关　T4cc/4　T6b/2 M_{10}右侧制动灯 蓄电池　　　　T6a/1 M_9左侧制动灯

四、任务训练

按照任务要求在汽车电器台架上连接制动灯线路，并确保制动灯能正常点亮。

五、复习与思考

（一）选择题

1. 常见制动灯开关有（　　　）。
   A．气压式　　　　　B．液压式　　　　　C．弹簧式　　　　　D．霍尔式
2. 引起制动灯不亮的故障包括（　　　）。
   A．制动灯开关失效　B．线路短路　　　　C．灯泡故障　　　　D．线路断路
3. 测量电路故障优先使用（　　　）。
   A．压降法　　　　　B．电阻法　　　　　C．试灯法　　　　　D．替换法

（二）判断题

（　　）1．制动灯电路中，如果有接触不良导致高电阻，那么电路中电流会增加。
（　　）2．制动灯电路中，如果有接触不良导致高电阻，那么灯泡的亮度会变暗。
（　　）3．测量线路和元件的电阻，必须将所测线路与元件断开。
（　　）4．检修制动灯电路时，如果只是一侧的制动灯不亮，那么应先检查熔断器与制动灯开关。

任务7

危险警告灯电路检修

培训目标：

1. 能进行工位7S操作。
2. 能正确连接危险警告灯电路，验证危险警告灯的功能并排除简单故障。
3. 掌握危险警告灯的组成与工作原理。

一、任务描述

根据汽车电路检修专项考核要求，需要完成危险警告灯电路图的绘制，在汽车电器台架上用连接导线连接危险警告灯线路，验证危险警告灯的功能并排除简单故障。

二、任务分析

要想完成危险警告灯电路检修的任务内容，需要具备以下知识与技能。

1. 相关知识

1）危险警告灯的组成

现代汽车危险警告灯与转向灯共用一个系统，由危险警告灯开关、转向信号灯、转向指示灯、转向开关、闪光继电器等组成。

当汽车要向左或右转向时，通过操纵转向开关，使车辆左边或右边的转向灯工作。转向后，回转转向盘，转向盘控制装置可自动使转向开关回位，转向灯熄灭。驾驶员还可以通过操纵危险警告灯开关使全部转向灯点亮，发出警示。转向灯一般应具有一定的频闪。国标中规定转向灯的闪光频率为60～120次/min，亮暗时间比（通电率）在3∶2为佳。

2）闪光继电器的工作原理

闪光继电器主要有电热式、电容式和电子式三种类型。电热式闪光继电器结构简单，制造成本低，但闪光频率不够稳定，使用寿命短，已被淘汰。而电容式闪光继电器闪光频率稳定。电子式闪光继电器具有性能稳定、可靠等优点，故得到广泛应用。

电子式闪光继电器的工作原理如图7-1所示。

接通转向灯开关，三极管 VT_1 因正向偏压而饱和导通，三极管 VT_2、VT_3 则截止。由于三极管 VT_1 的发射极电流很小，故转向灯较暗。同时，电源通过电阻器 R_1 对电容器 C 充电，使得三极管 VT_1 的基极电位下降，当低于其导通所需正向偏置电压时，三极管 VT_1 截止。三极

管 VT_1 截止后，三极管 VT_2 通过电阻器 R_3 得到正向偏置电压而导通，三极管 VT_3 也随之饱和导通，转向灯变亮。此时，电容器 C 经过电阻器 R_1、R_2 放电，使三极管 VT_1 仍保持截止，转向灯继续发亮。随着电容器 C 放电电流减小，三极管 VT_1 基极电位又逐渐升高，当高于其正向导通电压时，三极管 VT_1 又导通，三极管 VT_2、VT_3 又截止，转向灯又变暗。随着电容器 C 的充放电，三极管 VT_3 不断地导通、截止，如此循环，使转向灯闪烁。

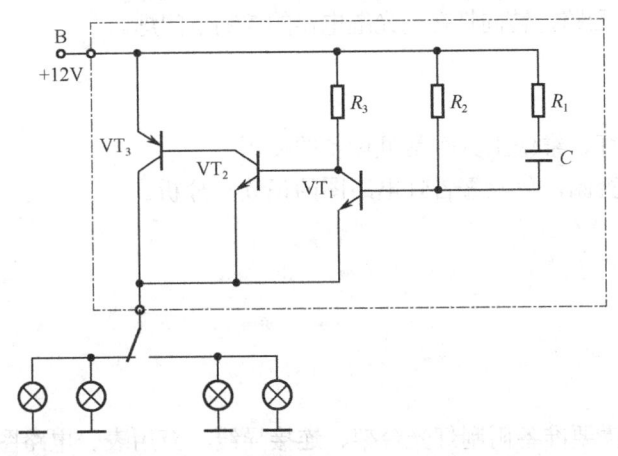

图 7-1　电子式闪光继电器的工作原理

若一个转向灯烧坏，则流过电阻器 R_3 的电流减小，其电压降减小，经电压检测器识别后，便控制振荡器电压比较器的参考电压，从而改变振荡频率，使转向灯的闪光频率加快一倍，以提示驾驶员及时检修。当打开危险警告灯开关时，汽车的前、后、左、右转向灯同时闪烁，作为危险警报信号。

3）危险警告灯的工作原理

以大众帕萨特为例介绍其危险警告（转向）灯的工作原理，如图 7-2 所示。

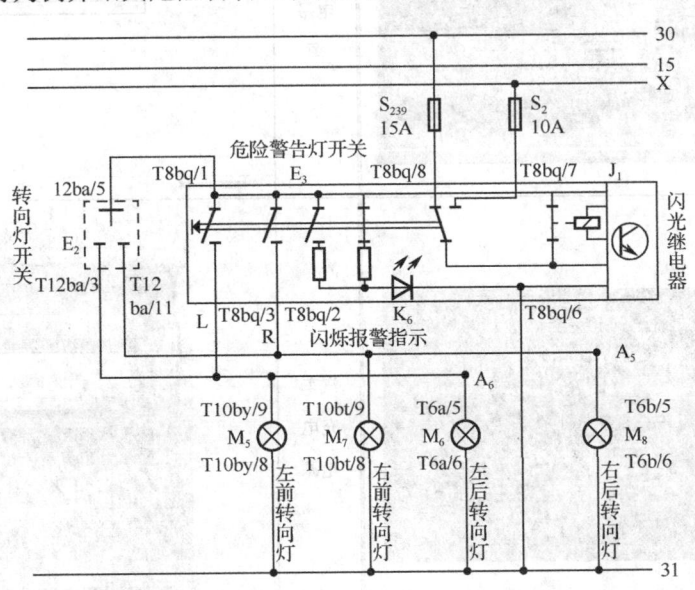

图 7-2　大众帕萨特危险警告（转向）灯的工作原理

当按下危险警告灯开关时,电流由蓄电池"+"→熔断器 S_2→危险警告灯开关 E_3 T8bq/7 号端子→闪光继电器 J_1→危险警告灯开关 E_3 T8bq/2 和 T8bq/1 号端子→左、右转向灯→搭铁→蓄电池"-"形成回路,危险警告灯在闪光继电器的控制下闪烁。当转向灯开关 E_2 接通左转向灯(或右转向灯)时,电流由蓄电池"+"→熔断器 S_{239}→危险警告灯开关 E_3 T8bq/8 号端子→闪光继电器 J_1→危险警告灯开关 E_3 T8bq/1 号端子→转向灯开关 E_2→左、右转向灯→搭铁→蓄电池"-"形成回路,转向灯在闪光继电器的控制下闪烁。

2. 相关技能

(1)万用表、试灯、维修工具等常见设备的使用。
(2)维修资料的查阅,危险警告灯电路图的识读与分析。
(3)7S 操作。

三、任务实施

1. 作业准备

完成本工作任务需要准备雨刮灯光台架、连接导线、万用表、电路图、汽车充电电源。危险警告灯电路检修作业准备内容如表 7-1 所示。

表 7-1 危险警告灯电路检修作业准备内容

名称	实物	名称	实物
雨刮灯光台架及连接导线		电路图	
万用表		汽车充电电源	

任务7 危险警告灯电路检修

2. 作业过程（电路连接的过程）

危险警告灯电路检修作业过程如表 7-2 所示。

表 7-2 危险警告灯电路检修作业过程

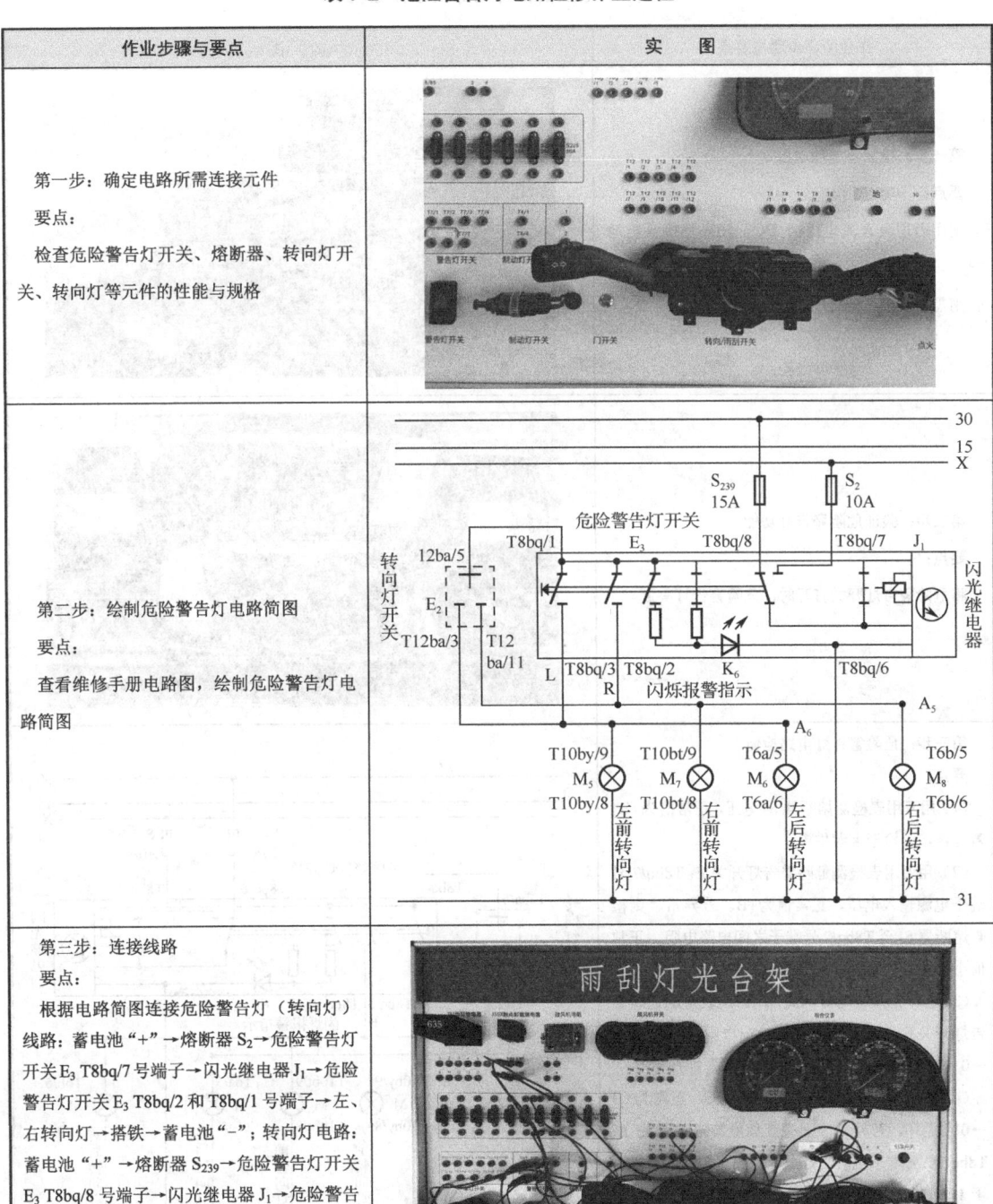

作业步骤与要点	实　图
第一步：确定电路所需连接元件 要点： 　　检查危险警告灯开关、熔断器、转向灯开关、转向灯等元件的性能与规格	
第二步：绘制危险警告灯电路简图 要点： 　　查看维修手册电路图，绘制危险警告灯电路简图	
第三步：连接线路 要点： 　　根据电路简图连接危险警告灯（转向灯）线路：蓄电池"+"→熔断器 S_2→危险警告灯开关 E_3 T8bq/7 号端子→闪光继电器 J_1→危险警告灯开关 E_3 T8bq/2 和 T8bq/1 号端子→左、右转向灯→搭铁→蓄电池"-"；转向灯电路：蓄电池"+"→熔断器 S_{239}→危险警告灯开关 E_3 T8bq/8 号端子→闪光继电器 J_1→危险警告灯开关 E_3 T8bq/1 号端子→转向灯开关 E_2→左、右转向灯→搭铁→蓄电池"-"。确认连接端子号与电路图一致	

95

3. 作业验证（连接电路的功能是否能够实现，并排除相应故障）

危险警告灯电路检修作业验证如表 7-3 所示。

表 7-3　危险警告灯电路检修作业验证

作业验证步骤与要点	实　图
第一步：检测蓄电池电压 要点： 使用万用表直流电压挡 DC，红表笔接蓄电池 "+"，黑表笔接蓄电池 "-"，电压不低于 12V，否则需要连接汽车充电电源	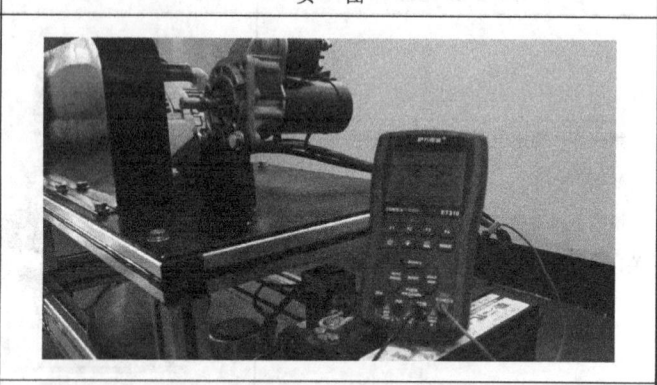
第二步：验证危险警告灯功能 要点： 将危险警告灯开关打开时，危险警告灯亮起	
第三步：危险警告灯电路检修 要点： （1）用万用表检测熔断器 S_2 电压，正常值为+B。若异常，则检查上游供电 （2）用万用表检测危险警告灯开关 E_3 T8bq/7 号端子电源输入电压，正常值为+B。若异常，则检查熔断器 S_2 至 T8bq/7 号端子之间电路电阻，正常值小于 1Ω。若异常，则维修或更换线束 （3）按下危险警告灯开关，用万用表检测危险警告灯开关 E_3 T8bq 3/2 号端子输出电压，正常为+B→0V 循环。若异常，则更换危险警告灯开关 E_3 （4）用万用表检测转向灯供电电压，正常为+B→0V 循环。若异常，则检查危险警告灯开关 E_3 T8bq 3/2 号端子至转向灯之间电路电阻，正常值小于 1Ω。若异常，则更换或修复线束 （5）用万用表检测搭铁电阻，正常值小于 1Ω。若异常，则维修或更换线束	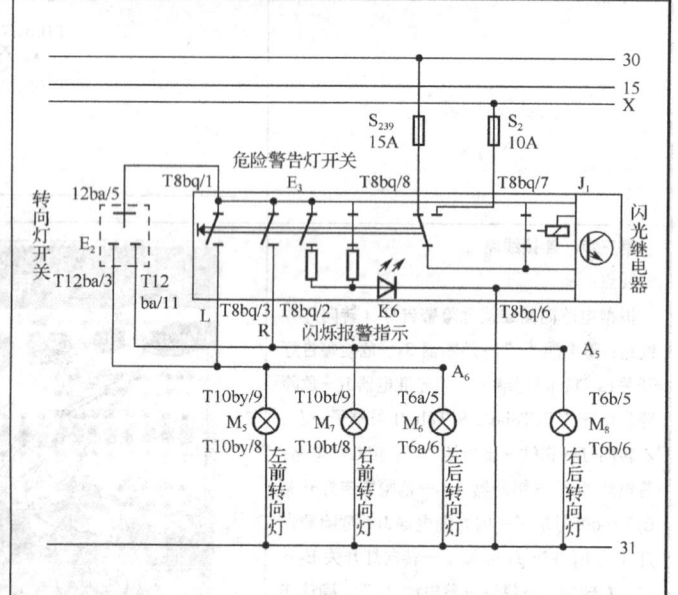

四、任务训练

按照任务要求在汽车电器台架上连接危险警告灯线路,并确保危险警告灯能正常工作。

五、复习与思考

(一)选择题

1. 转向灯的颜色是(　　)。
   A. 白色　　　　　B. 黄色　　　　　C. 红色　　　　　D. 棕色
2. 在讨论紧急警报装置时,技师甲说:"即使关闭点火开关,危险警告灯仍可以正常工作。"技师乙说:"由于危险警告灯比较重要,因此它的闪烁频率比转向灯的闪烁频率快些。"两个人的说法中正确的是(　　)。
   A. 技师甲对　　　B. 技师乙对　　　C. 都对　　　　　D. 都错
3. 在讨论转向灯故障时,技师甲说:"若打左右转向时,转向灯都不工作而危险警告灯正常,则应该重点检查转向灯开关电路。"技师乙说:"只有一个转向灯故障,应重点检查该灯泡及其线路。"两个人的说法中正确的是(　　)。
   A. 技师甲对　　　B. 技师乙对　　　C. 都对　　　　　D. 都错

(二)判断题

(　　)1. 当一个转向灯灯泡损坏时,转向的频率会提高1倍。

(　　)2. 驾驶员可以通过操纵危险警告灯开关使全部转向灯闪亮,发出警示。

(　　)3. 国标中规定转向灯的闪光频率为60~120次/min,亮暗时间比(通电率)在3:2为佳。

(　　)4. 危险警告灯电路主要由危险警告灯开关、转向灯开关、闪光继电器及灯泡组成,并且左转向灯和右转向灯都是串联的。

任务 8

雨刮器电路检修

培训目标：

1. 能进行工位 7S 操作。
2. 能正确连接雨刮器电路，验证雨刮器的功能并排除简单故障。
3. 掌握雨刮器的组成与工作原理。

一、任务描述

根据汽车电路检修专项考核要求，需要完成雨刮器电路图的绘制。在汽车电器台架上用连接导线连接雨刮器线路，验证雨刮器的功能并排除简单故障。

二、任务分析

要想完成雨刮器电路检修的任务内容，需要具备以下知识与技能。

1. 相关知识

雨刮器又称为刮水器、水拨或挡风玻璃雨刷，是用来刮除附着于车辆挡风玻璃上的雨点及灰尘的设备，以提高驾驶员的能见度，确保行车安全。

1）雨刮器的结构

电动雨刮器主要由电动机、蜗轮、蜗杆和刷架等组成，其结构如图 8-1 所示。通常电动机和蜗轮箱结合成一体组成雨刮器电机总成，曲柄、连杆和摆杆等杆件可以将蜗轮的旋转运动转变为摆臂的往复摆动，使摆臂上的雨刮片实现雨刮动作。

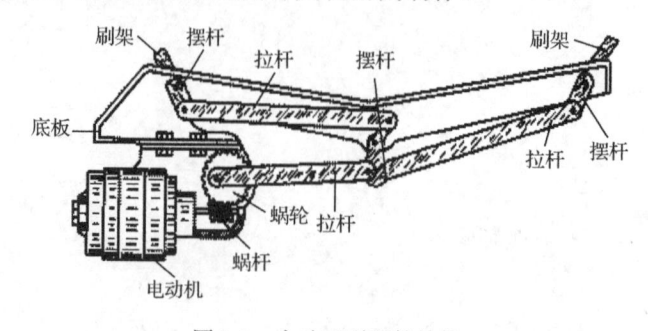

图 8-1 电动雨刮器的结构

雨刮器电机有绕线式和永磁式两种。永磁式雨刮器电机体积小、质量轻、结构简单、使用广泛。永磁式雨刮器电机主要由机壳、永久磁铁、电枢、电刷、铜环、触点、蜗轮等组成，其结构如图 8-2 所示。

电机电枢通电即开始转动，以蜗杆驱动蜗轮，蜗轮带动摇臂旋转，摇臂使拉杆往复运动，从而带动雨刮片左右摆动。

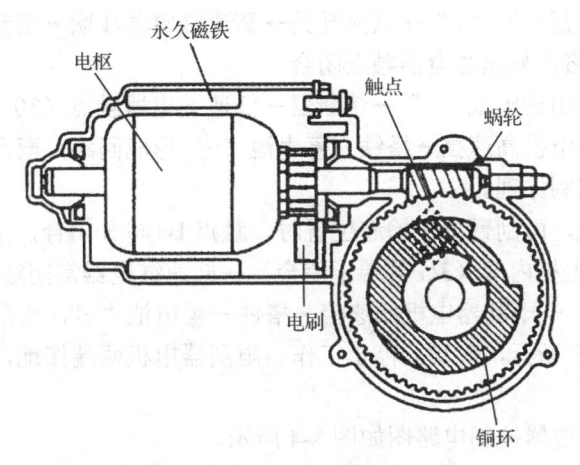

图 8-2 永磁式雨刮器电机的结构

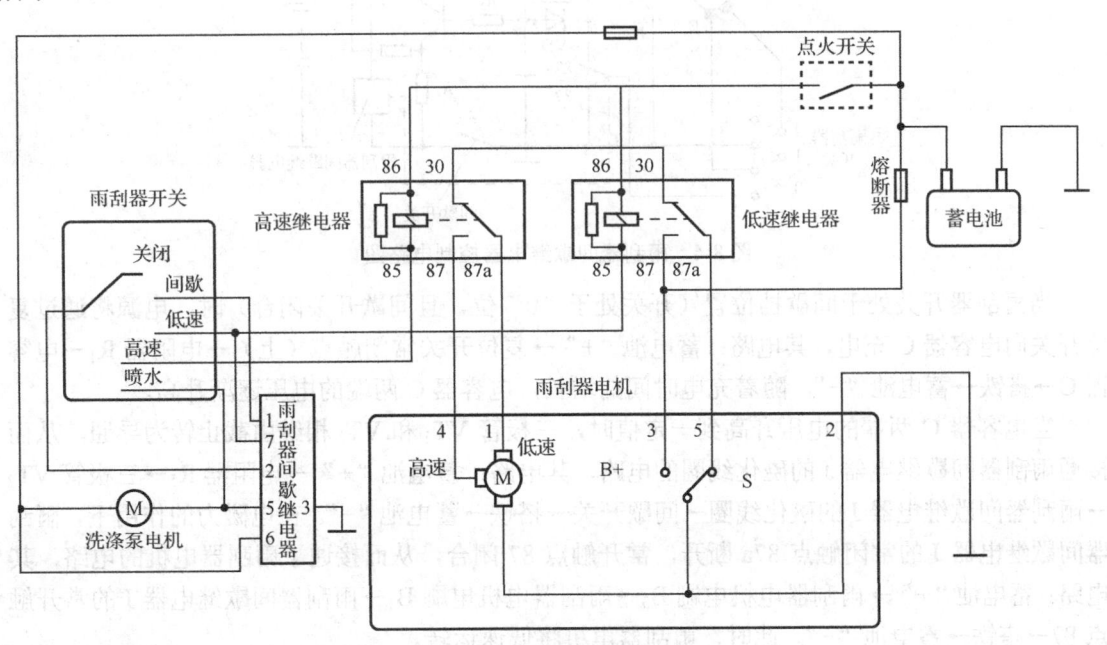

2）雨刮器的控制电路

雨刮器的控制电路主要由雨刮器开关、雨刮器间歇继电器、雨刮器电机组成，如图 8-3 所示。

图 8-3 雨刮器的控制电路

（1）雨刮器低速电路控制原理（低速继电器工作）。

点火开关旋至 ON 挡，当雨刮器开关打至低速位置时，低速继电器线圈电流由蓄电池"+"

→点火开关→低速继电器线圈→雨刮器开关低速挡→搭铁→蓄电池"-"形成回路,低速继电器触点闭合。雨刮器低速挡电流由蓄电池"+"→熔断器→低速继电器触点(30,87)→高速继电器触点(30,87a)→雨刮器电机低速挡→搭铁→蓄电池"-"形成回路,雨刮器低速工作。

(2)雨刮器高速电路控制原理(高、低速继电器同时工作)。

点火开关旋至 ON 挡,当雨刮器开关打至高速位置时,低速继电器线圈电流回路(同上)。高速继电器线圈电流由蓄电池"+"→点火开关→高速继电器线圈→雨刮器开关高速挡→搭铁→蓄电池"-"形成回路,高速继电器触点闭合。

雨刮器高速挡电流由蓄电池"+"→熔断器→低速继电器触点(30,87)→高速继电器触点(30,87)→雨刮器电机高速挡→搭铁→蓄电池"-"形成回路,雨刮器高速工作。

(3)雨刮器复位控制原理。

当雨刮器开关关闭,雨刮臂处于抬起位置时,触点 B+与 S 闭合,雨刮器电机工作电路:蓄电池"+"→雨刮器电机内部(3/5 号端子闭合)→低速继电器常闭触点(30,87a)→高速继电器触点(30,87a)→雨刮器电机低速挡→搭铁→蓄电池"-",雨刮器低速继续工作。雨刮器复位后触点 B+与 S 断开,雨刮器停止工作。雨刮器电机两端接地,并利用反动势实现电机制动。

(4)雨刮器间歇继电器控制电路图如图 8-4 所示。

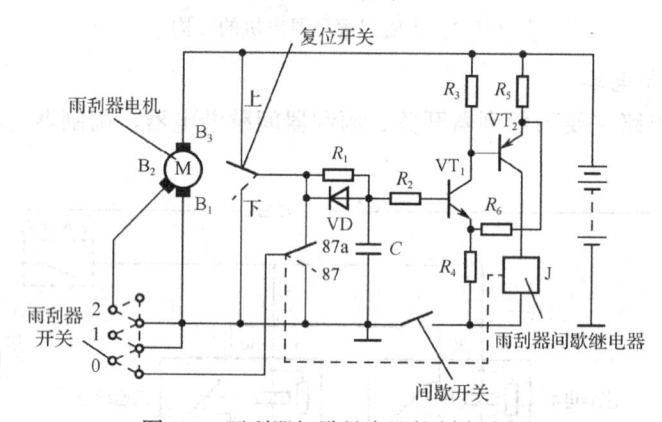

图 8-4 雨刮器间歇继电器控制电路图

当雨刮器开关处于间歇挡位置(开关处于"0"位,且间歇开关闭合)时,电源将通过复位开关向电容器 C 充电,其电路:蓄电池"+"→复位开关常闭触点(上)→电阻器 R_1→电容器 C→搭铁→蓄电池"-",随着充电时间的增长,电容器 C 两端的电压逐渐升高。

当电容器 C 两端的电压升高到一定值时,三极管 VT_1 和 VT_2 相继由截止转为导通,从而接通雨刮器间歇继电器 J 的磁化线圈的电路,其电路:蓄电池"+"→电阻器 R_5→三极管 VT_2→雨刮器间歇继电器 J 的磁化线圈→间歇开关→搭铁→蓄电池"-"。在电磁力的作用下,雨刮器间歇继电器 J 的常闭触点 87a 断开,常开触点 87 闭合,从而接通了雨刮器电机的电路,其电路:蓄电池"+"→雨刮器电机电刷 B_3→雨刮器电机电刷 B_1→雨刮器间歇继电器 J 的常开触点 87→搭铁→蓄电池"-"。此时,雨刮器电机将低速运转。

当复位装置将复位开关的常开触点(下)接通时,电容器 C 通过二极管 VD 放电,自动复位装置的常开触点迅速放电,此时雨刮器电机的通电回路不变,它将继续转动。随着放电时间的增长,三极管 VT_1 的基极电位逐渐降低。当三极管 VT_1 的基极电位降低到一定值时,

三极管 VT_1、VT_2 由导通转为截止，从而切断了雨刮器间歇继电器 J 的磁化线圈的电路，雨刮器间歇继电器 J 复位，常开触点 87a 断开，常闭触点 87 闭合。

此时，由于复位开关的常开触点处于闭合状态，电机仍将继续转动，其电路：蓄电池"+"→电源开关→熔断器→雨刮器电机电刷 B_3→雨刮器电机电刷 B_1→雨刮器间歇继电器 J 的常闭触点 87a→搭铁→蓄电池"-"。只有当雨刮片回到原位（不影响驾驶员视线的位置），复位开关的常开触点断开，常闭触点闭合，电机方能停止转动。电源将再次向电容器 C 充电，重复上述过程。实现雨刮器的间歇动作。

（5）雨刮器喷水控制原理。

当点火开关旋至 ON 挡时，雨刮器开关拨至喷水挡，喷水电机工作电流由蓄电池"+"→喷水电机→雨刮器开关喷水挡→搭铁→蓄电池"-"形成回路，喷水电机工作。

2. 相关技能

（1）万用表、试灯、维修工具等常见设备的使用。
（2）维修资料的查阅，雨刮电路图的识读与分析。
（3）7S 操作。

三、任务实施

1. 作业准备

完成本工作任务需要准备雨刮灯光台架、连接导线、万用表、电路图、汽车充电电源。雨刮器电路检修作业准备内容如表 8-1 所示。

表 8-1 雨刮器电路检修作业准备内容

名称	实物	名称	实物
雨刮灯光台架及连接导线		电路图	
万用表		汽车充电电源	

汽车电路检修

2. 作业过程（电路连接的过程）

雨刮器电路检修作业过程如表 8-2 所示。

表 8-2 雨刮器电路检修作业过程

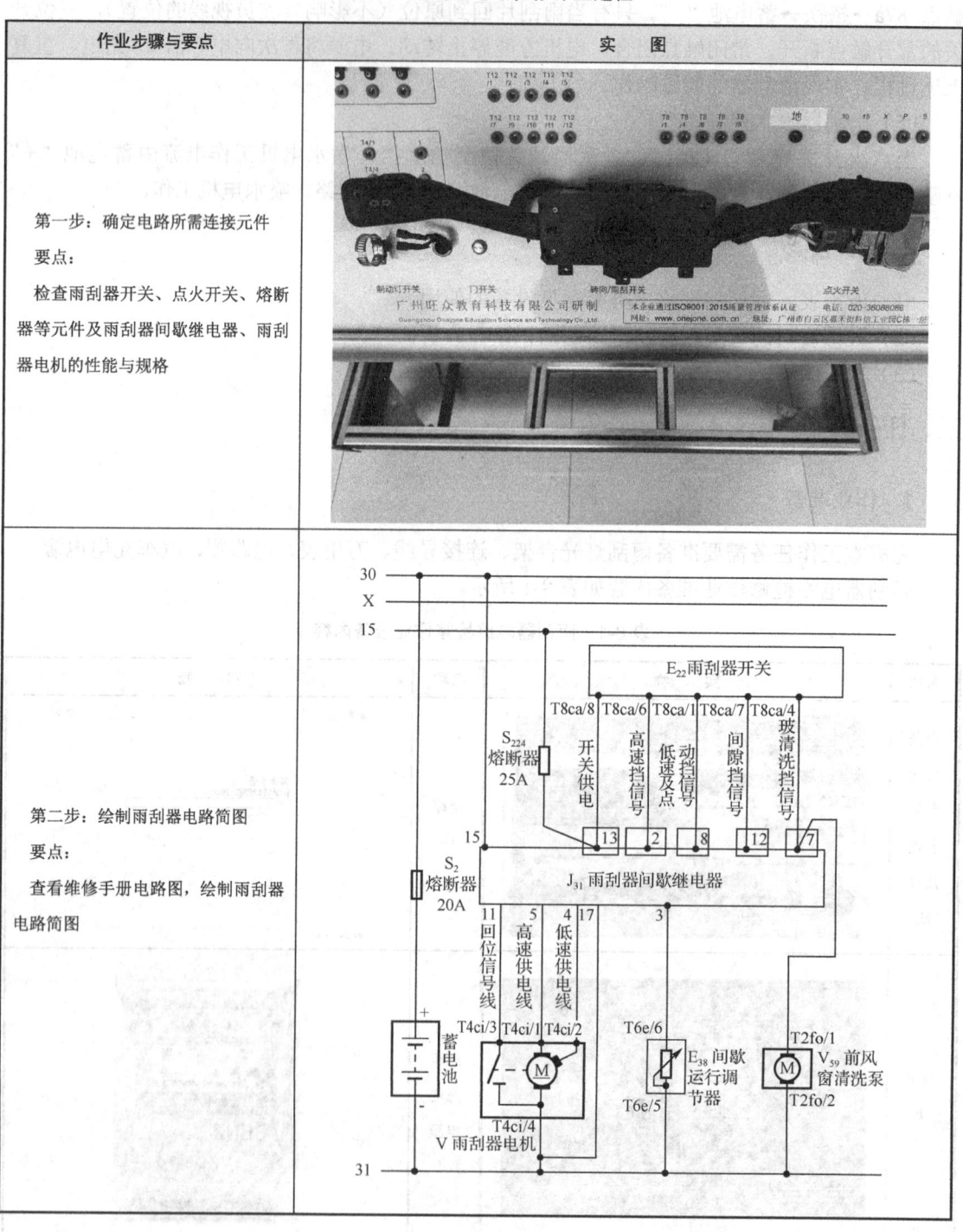

作业步骤与要点	实 图
第一步：确定电路所需连接元件 要点： 检查雨刮器开关、点火开关、熔断器等元件及雨刮器间歇继电器、雨刮器电机的性能与规格	
第二步：绘制雨刮器电路简图 要点： 查看维修手册电路图，绘制雨刮器电路简图	

102

续表

作业步骤与要点	实　图
第三步：连接线路 要点： 根据电路简图连接雨刮器线路：连接雨刮器开关 E_{22} 线路与雨刮器间歇继电器 J_{31} 之间线路→连接雨刮器电机 V 与雨刮器间歇继电器 J_{31} 之间线路→连接熔断器 S_{224}。确认连接端子号与电路图一致	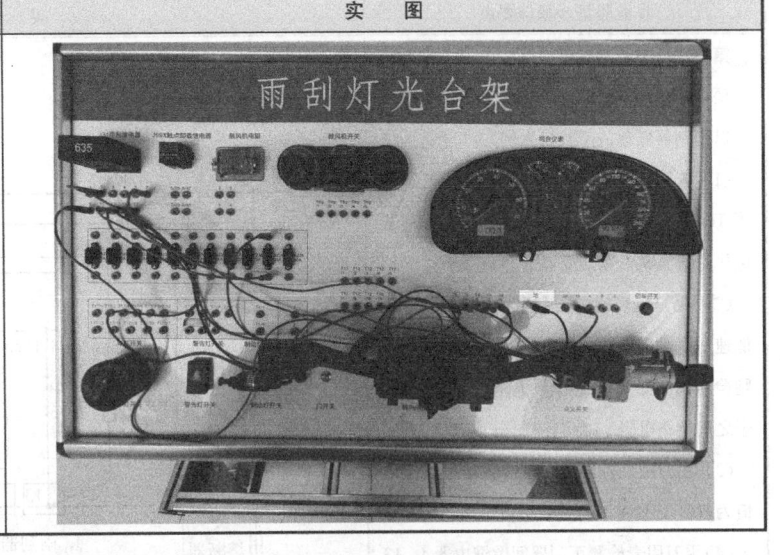

3. 作业验证（连接电路的功能是否能够实现，并排除相应故障）

雨刮器电路检修作业验证如表 8-3 所示。

表 8-3　雨刮器电路检修作业验证

作业验证步骤与要点	实　图
第一步：检测蓄电池电压 要点： 使用万用表直流电压挡 DC，红表笔接蓄电池"+"，黑表笔接蓄电池"-"，电压不低于 12V，否则需要连接汽车充电电源	
第二步：验证雨刮器功能 要点： 将点火开关旋至 ON 挡，检测雨刮器开关 E_{22} 各个挡位是否工作正常	

续表

作业验证步骤与要点	实　图
第三步：雨刮器电路检修 要点： 以雨刮器低速故障检修为例。 （1）若用万用表检测雨刮器电机 V 低速端子 Tci/2 与搭铁电压为+B 时，则更换雨刮器电机。若异常，则转要点（2） （2）用万用表检测雨刮器间歇继电器 J_{31} 低速电源输出电压，正常值为+B。若异常，则检查雨刮器间歇继电器 J_{31} 至电机低速端子之间电路电阻 （3）用万用表检测熔断器 S_{224} 电压，正常值为+B。若异常，则检查供电电路 （4）用万用表检测雨刮器间歇继电器 J_{31} 13 号端子供电电压，正常值为+B。若异常，则检查熔断器 S_{224} 至雨刮器间歇继电器 J_{31} 13 号端子之间电路 （5）打开雨刮器低速开关，用万用表检测雨刮器开关 E_{22} 开关 T8ca/1 号端子电压，正常值为+B。若异常，则更换雨刮器开关 （6）打开雨刮器低速开关，用万用表检测雨刮器间歇继电器 J_{31} 8 号端子电压，为+B 时，更换雨刮器间歇继电器。若异常，则检查雨刮器开关 E_{22} 1 号端子至雨刮器间歇继电器 J_{31} 8 号端子之间电路	（电路图）

四、任务训练

按照任务要求在汽车电器台架上连接雨刮器线路，并确保雨刮器能正常工作。

五、复习与思考

（一）选择题

1. 电动雨刮器的模式有（　　）。
   A．高速模式　　　B．低速模式　　　C．间歇模式　　　D．点动模式
2. 传统的雨刮系统用（　　）个五脚继电器实现高低速切换。
   A．1　　　　　　B．2　　　　　　C．3　　　　　　D．4
3. 下面哪个元件故障不会导致雨刮器不工作？（　　）
   A．高速继电器　　B．低速继电器　　C．喷水电机　　D．雨刮器电机

(二)判断题

(　　)1. 电动雨刮器由直流电动机和传动机构组成。
(　　)2. 雨刮器电机在不工作时两端均接地,是为了实现电机制动。
(　　)3. 对于长时间不使用的车辆,应将雨刮臂立起来,保护雨刮片。
(　　)4. 雨刮器电机内部的复位开关,是在间歇挡时工作。

任务 9

鼓风机电路检修

培训目标：

1. 能进行工位 7S 操作。
2. 能正确连接鼓风机电路，验证鼓风机的功能并排除简单故障。
3. 掌握鼓风机的组成与工作原理。

一、任务描述

根据汽车电路检修专项考核要求，需要完成鼓风机电路图的绘制。在汽车电器台架上用连接导线连接鼓风机线路，验证鼓风机的功能并排除简单故障。

二、任务分析

要想完成鼓风机电路检修的任务内容，需要具备以下知识与技能。

1. 相关知识

鼓风机是汽车空调系统的重要组成部分之一，是空调出风口冷风、热风的风源。只有鼓风机正常工作，空调系统才能完成热量的交换。

1）鼓风机的结构

通常汽车上的鼓风机为离心式鼓风机。离心式鼓风机的工作原理与离心式通风机类似，只是空气的压缩过程通常是经过几个工作叶轮在离心力的作用下进行。鼓风机有一个高速转动的转子。转子上的叶片带动空气高速运动，离心力使空气流向风机出口。高速的气流具有一定的风压，新空气由机壳的中心进入补充。鼓风机外观如图 9-1 所示。

图 9-1 鼓风机外观

2）鼓风机电路

鼓风机电路主要由鼓风机开关、调速装置、鼓风机及控制线路组成。

（1）常规的汽车空调中鼓风机调速采用串联电阻器的方式，利用回路中电阻的大小来调节电压，达到调节鼓风机转速的目的。一般低挡位串联的阻值大，中挡位串联的电阻小，高挡位不串联电阻器。这种方式原理比较简单，零部件成本也低，维修方便。但调节范围小，且很多电源功率消耗在电阻器上，需要给电阻器散热，必须安装在风道中（一般在鼓风机附近）。传统鼓风机的工作原理图如图9-2所示。

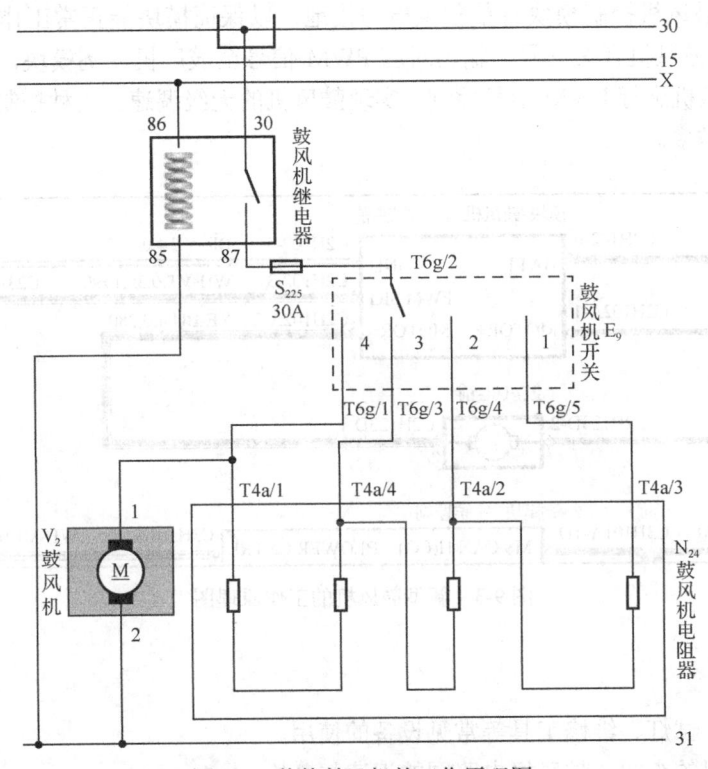

图9-2　传统鼓风机的工作原理图

当点火开关旋至 ON 挡，鼓风机继电器触点（30，87）闭合。当鼓风机开关 E_9 旋至 1 挡位时，鼓风电流由蓄电池"+"→鼓风机继电器触点（30，87）→熔断器 S_{225}→鼓风机开关 E_9（T6g/5 号端子）→鼓风机电阻器→鼓风机→搭铁 31→蓄电池"-"形成回路，鼓风机在 1 挡位下工作。

当点火开关旋至 ON 挡，鼓风机继电器触点（30，87）闭合。当鼓风机开关 E_9 旋至 2 挡位时，鼓风电流由蓄电池"+"→鼓风机继电器触点（30，87）→鼓风机开关 E_9（T6g/4 号端子）→鼓风机电阻器→鼓风机→搭铁 31→蓄电池"-"形成回路，鼓风机在 2 挡位下工作。

当点火开关旋至 ON 挡，鼓风机继电器触点（30，87）闭合。当鼓风机开关 E_9 旋至 3 挡位时，鼓风电流由蓄电池"+"→鼓风机继电器触点（30，87）→鼓风机开关 E_9（T6g/3 号端子）→鼓风机电阻器→鼓风机→搭铁 31→蓄电池"-"形成回路，鼓风机在 3 挡位下工作。

当点火开关旋至 ON 挡，鼓风机继电器触点（30，87）闭合。当鼓风机开关 E_9 旋至 4 挡位时，鼓风电流由蓄电池"+"→鼓风机继电器触点（30，87）→鼓风机开关 E_9（T6g/1 号端子）→鼓风机→搭铁 31→蓄电池"-"形成回路，鼓风机在 4 挡位下工作。

（2）新型的汽车空调中鼓风机调速多采用调速模块，通过 PWM（脉宽调制）控制功率管（三极管）的功率输出变化，调整鼓风机转速。尤其在自动空调系统中，目前普遍采用空调控制单元（内含 DSP 芯片），空调工作时，DSP 根据程序设置和车内反馈信号发指令调节 PWM

的占空比，经光耦隔离转换，用功率场效应管作为主开关元件，通过改变开关元件的导通方式及通断比来改变输出电压的大小，从而调节鼓风机转速。新型鼓风机的工作原理图如图9-3所示。

工作原理：鼓风机控制模块有单独供电与接地，以保证模块能正常工作。气候控制模块（空调模块）根据鼓风机开关信号，输出对应PWM信号至鼓风机控制模块，鼓风机控制模块根据指令，对鼓风机进行PWM信号控制，实现鼓风机的无级调速。这种控制方式，在自动空调中使用的越来越多。

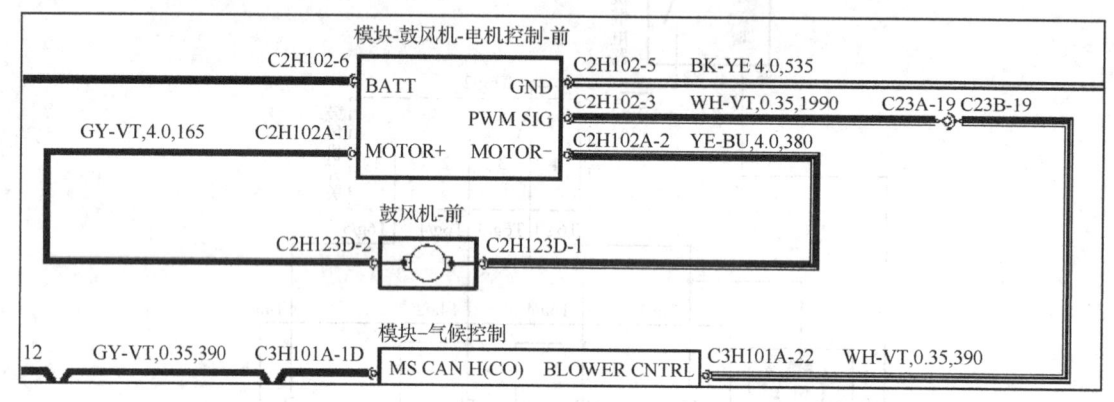

图 9-3 新型鼓风机的工作原理图

2. 相关技能

（1）万用表、试灯、维修工具等常见设备的使用。

（2）维修资料的查阅，鼓风机电路图的识读与分析。

（3）7S 操作。

三、任务实施

1. 作业准备

完成本工作任务需要准备雨刮灯光台架、连接导线、万用表、电路图、汽车充电电源。鼓风机电路检修作业准备如表9-1所示。

表 9-1 鼓风机电路检修作业准备

名称	实物	名称	实物
雨刮灯光台架及连接导线		电路图	

任务9 鼓风机电路检修

续表

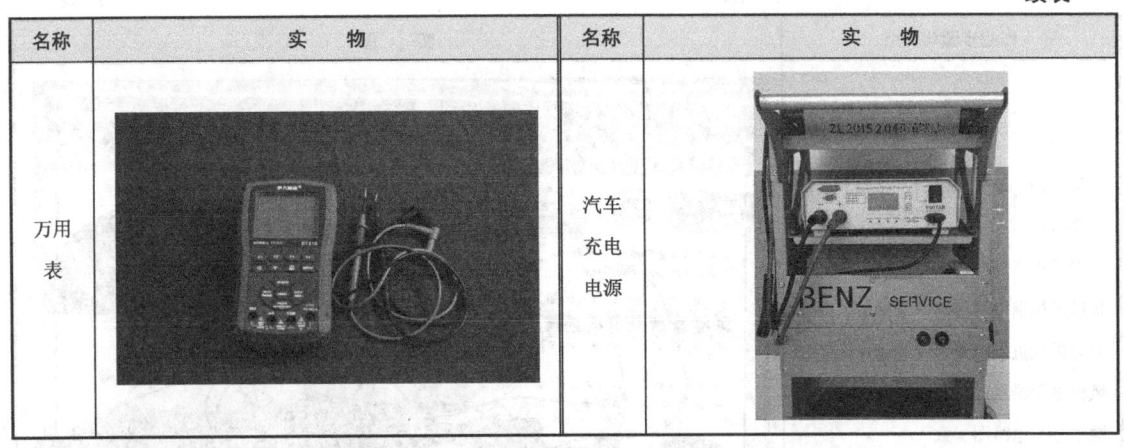

名称	实物	名称	实物
万用表		汽车充电电源	

2. 作业过程（电路连接的过程）

鼓风机电路检修作业过程如表 9-2 所示。

表 9-2 鼓风机电路检修作业过程

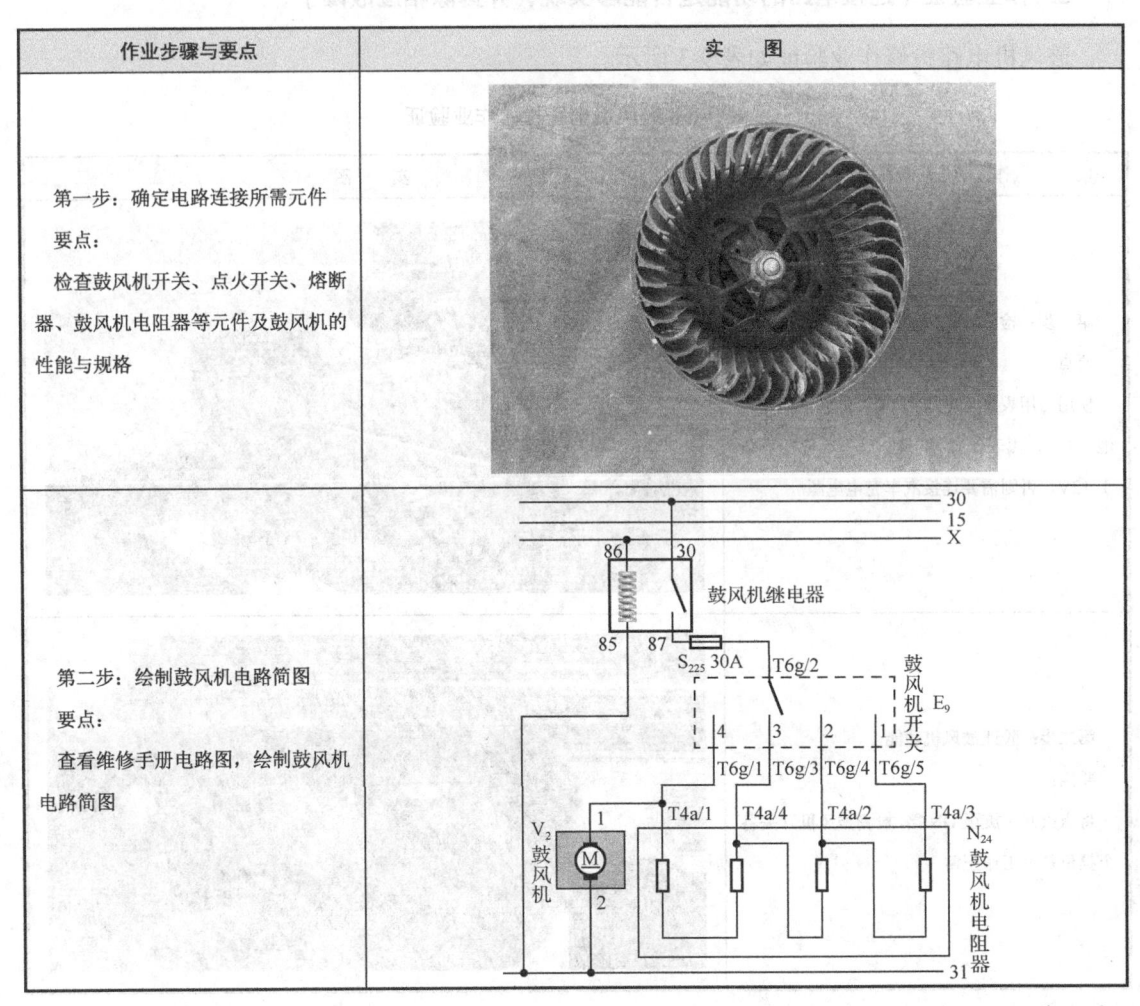

作业步骤与要点	实图
第一步：确定电路连接所需元件 要点： 检查鼓风机开关、点火开关、熔断器、鼓风机电阻器等元件及鼓风机的性能与规格	
第二步：绘制鼓风机电路简图 要点： 查看维修手册电路图，绘制鼓风机电路简图	

· 109 ·

续表

作业步骤与要点	实图
第三步：连接线路 要点： 根据电路简图连接鼓风机线路：连接鼓风机继电器线路→连接鼓风开关与鼓风机电阻器之间线路→连接鼓风机电阻器至鼓风机线路。确认连接端子号与电路图一致	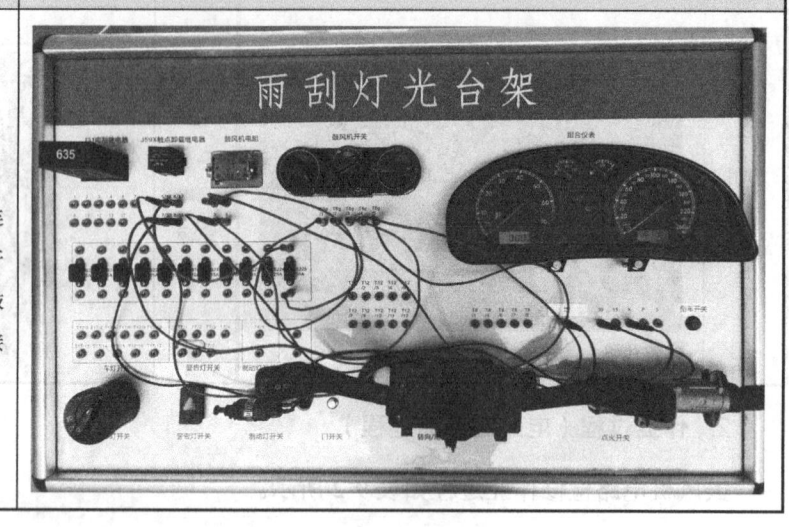

3. 作业验证（连接电路的功能是否能够实现，并排除相应故障）

鼓风机电路检修作业验证如表 9-3 所示。

表 9-3 鼓风机电路检修作业验证

作业验证步骤与要点	实图
第一步：检测蓄电池电压 要点： 使用万用表直流电压挡 DC，红表笔接蓄电池"+"，黑表笔接蓄电池"-"，电压不低于 12V，否则需要连接汽车充电电源	
第二步：验证鼓风机功能 要点： 将点火开关旋至 ON 挡，检测鼓风机开关各个挡位是否工作正常	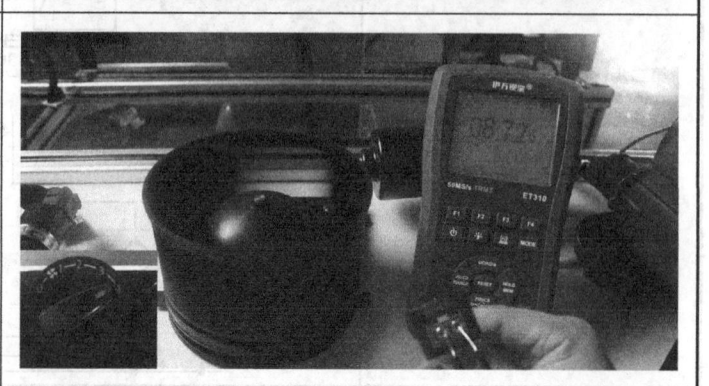

续表

作业验证步骤与要点	实　图
第三步：鼓风机电路检修 要点： 以鼓风机在 1 挡位下不转检修为例。 （1）断开鼓风机插头，用万用表检测鼓风机 V_2 2 号端子搭铁线电阻，正常值小于 1Ω。若超过 1Ω，则需更换或修复搭铁线 （2）若用万用表检测鼓风机 V_2 1 号端子电压为+B，则更换鼓风机；若异常，则转要点（3） （3）若用万用表检测鼓风机电阻器 N_{24} T4a/1 号端子电压为+B，则检查 T4a/1 至鼓风机 V_2 1 号端子之间电路；若异常，则转要点（4） （4）若用万用表检测鼓风机电阻器 N_{24} T4a/3 号端子电压为+B，则更换鼓风机电阻器；若异常，则转要点（5） （5）若用万用表检测鼓风机开关 E_9 T6g/5 号端子电压为+B，则检查 T6g/5 至 T4a/1 号端子之间电路；若异常，则转要点（6） （6）若用万用表检测鼓风机开关 E_9 T6g/1 号端子电压为+B，则更换鼓风机开关 E_9；若异常，则转要点（7） （7）若用万用表检测熔断器 S_{225} 电压为+B，则检查 S_{225} 至 T6g/1 号端子之间电路；若异常，则转要点（8） （8）若用万用表在线检测鼓风机继电器 87 号端子电压为+B，则检查 87 号端子至 S_{225} 之间电路；若异常，则转要点（9） （9）若用万用表在线检测鼓风机继电器底座 85 号端子至搭铁之间电路电阻小于 1Ω 时，则转要点（10）；若异常，则维修或更换线束 （10）若用万用表在线检测鼓风机继电器线圈底座 86 号端子电压为+B，则更换继电器	

四、任务训练

按照任务要求在汽车电器台架上连接鼓风机线路，并确保鼓风机能正常工作。

五、复习与思考

（一）选择题

1. 在讨论并联时，技师甲说："并联电路的总电阻，等于各个支路电阻之和的倒数。"技师乙说："并联电路中，各条支路的电压一致。"两个人的说法中正确的是（　　）。
   A. 技师甲对　　　　B. 技师乙对　　　　C. 都对　　　　D. 都错
2. 当鼓风机只在某一个挡位时不工作，可能发生故障的元件是（　　）。
   A. 鼓风机　　　B. 鼓风机电阻器　　　C. 鼓风机开关　　　D. 鼓风机继电器
3. 哪个元件故障会导致鼓风机4挡不工作？（　　）
   A. 鼓风机　　　B. 鼓风机开关　　　C. 鼓风机电阻器　　　D. 鼓风机继电器

（二）判断题

（　　）1. 传统鼓风机控制电路是改变并联在线路中的电阻实现速度变化。

（　　）2. 鼓风机在高速挡位工作时，因为电流不经过鼓风机电阻器，所以电机转速最高。

（　　）3. 串联电路中，电阻增大，电路中的电流减小。

（　　）4. 因为鼓风机电阻器在工作时需要散热，所以装在靠近鼓风机附近的风道中。

参 考 答 案

绪论

（一）单选题

1．A　2．A　3．D　4．B　5．C　6．B　7．D　8．B　9．A

（二）判断题

1．√　2．×　3．×　4．√　5．√　6．×　7．√　8．√　9．√
10．×　11．×　12．√　13．×　14．√　15．√　16．√　17．×　18．√
19．√　20．×

任务1

（一）选择题

1．ABC　2．ABC　3．ABCD

（二）判断题

1．√　2．√　3．×　4．×

任务2

（一）选择题

1．ABCD　2．B　3．AC

（二）判断题

1．√　2．√　3．×　4．×

任务3

（一）选择题

1．AC　2．BD　3．A

（二）判断题

1．√　2．×　3．√　4．√

任务4

（一）选择题

1．AD　2．ABCD　3．ABCD

(二) 判断题

1. ×　　　2. ×　　　3. √　　　4. ×

任务 5

(一) 选择题

1. ABC　　2. ABD　　3. AC

(二) 判断题

1. √　　　2. √　　　3. ×　　　4. ×

任务 6

(一) 选择题

1. ABC　　2. ABCD　　3. A

(二) 判断题

1. ×　　　2. √　　　3. √　　　4. ×

任务 7

(一) 选择题

1. B　　　2. A　　　3. C

(二) 判断题

1. ×　　　2. √　　　3. √　　　4. ×

任务 8

(一) 选择题

1. ABCD　　2. B　　　3. C

(二) 判断题

1. √　　　2. √　　　3. √　　　4. ×

任务 9

(一) 选择题

1. C　　　2. BC　　　3. BC

(二) 判断题

1. ×　　　2. √　　　3. √　　　4. √